L'ART DE DESSINER
LES ANIMAUX

Ken Hultgren

L'ART DE DESSINER LES ANIMAUX

Construction, analyse des mouvements, caricature

avec 759 illustrations

VIGOT

Traduit de l'anglais par Sébastien Vigot

ISBN 2 7114 1355 1
Dépôt légal : juin 1998

Achevé d'imprimer en juin 1998,
par Pollina S.A., France. N° 74928

PRÉFACE

Depuis ses premiers dessins sur les parois rocheuses des cavernes, l'être humain n'a jamais cessé de s'intéresser à l'art de représenter des animaux. Aujourd'hui, comme hier, il puise son inspiration directement dans la nature, mais malgré la connaissance de l'anatomie des animaux qu'il a acquise à travers les siècles, il a mis longtemps à comprendre leurs mouvements. Pour s'en rendre compte, il suffit d'étudier les gravures du siècle dernier dans lesquelles les artistes représentaient des chevaux figés, les membres antérieurs levés, les genoux pliés et projetés vers l'avant, et les membres postérieurs semblant avoir juste quitté le sol. Cette posture n'est absolument pas naturelle, pas même dans une course de trot, de galop ou d'obstacle.

Pour bien comprendre les animaux, je pense que la construction, l'analyse des mouvements et la caricature sont très importantes, et mon intention est de donner un aperçu de ces trois phases. Il est certes impossible d'inclure tous les animaux dans un livre de cette taille, mais une représentation exhaustive n'est pas aussi importante que l'explication d'une méthode qui peut s'appliquer au dessin de tous les animaux.

La construction est la base de tout dessin. Une connaissance détaillée de l'anatomie, comme par exemple le nombre exact de vertèbres de la colonne vertébrale d'une biche, n'est pas aussi importante que de connaître la structure générale et la flexibilité d'une colonne vertébrale en mouvement. La même chose s'applique à la structure musculaire : une fois que l'on a compris la forme générale des muscles d'un animal, et que l'on a une idée de leur élasticité, on sera plus à même de dessiner d'autres animaux de manière convaincante, car leurs structures anatomiques sont analogues sous de nombreux aspects.

L'analyse des mouvements suit la construction, mais les deux sont liées, car il faut connaître des rudiments d'anatomie pour comprendre les possibilités d'un animal en mouvement. L'habileté à dessiner des postures convaincantes repose sur la compréhension du mouvement.

Juste avant l'apparition du cinéma, Eadweard Muybridge inventa un système qui lui permettait de prendre une série de photographies d'animaux en mouvement. Ses photos montraient des allures que l'œil n'avait pu saisir auparavant, et aujourd'hui, grâce au ralenti, nous pouvons enfin comprendre le mouvement. Les films nous révèlent en effet certaines positions extrêmes qui nous indiquent avec quelles formes flexibles l'artiste doit travailler lorsqu'il dessine des animaux.

Une fois familiarisé avec les mécanismes et les axes d'articulation du squelette, comme le montrent les croquis de ce livre, vous découvrirez que vous pouvez mieux vous exprimer en ce qui concerne les postures des animaux. L'artiste n'est pas une camera humaine qui transpose ce qu'il voit avec précision sur le papier, car si cela avait été le cas, j'aurais rempli ce livre de photographies. La nature est la source de l'inspiration, et s'il faut avoir des bases solides pour comprendre l'anatomie animale, la créativité de l'artiste doit lui permettre de montrer ce qu'il a voulu exprimer à travers le dessin. La plupart des croquis de ce livre ont été réalisés sans modèle ni photographie et lorsque je les ai utilisés, ils ont plus servi de point de départ que de modèle pur et simple de ce que je voulais exprimer.

Cette discussion nous amène à la troisième phase importante du dessin développée dans ce livre : la caricature. Elle fait plus appel à l'imagination que les deux autres, car elle donne une certaine impression de l'animal en en exagérant les caractéristiques, ce qui permet d'aider le dessinateur à obtenir une représentation plus précise, tout en lui faisant prendre conscience des caractéristiques propres à chaque animal. Comme beaucoup d'illustrateurs célèbres qui essayent de capter un état d'âme en l'exagérant, je pense qu'il est possible de capter la qualité que l'on recherche dans l'animal en l'exagérant.

Les animaux se prêtent particulièrement bien à la caricature, parce qu'il semble y avoir une variété inépuisable de races différentes. La forme la plus répandue de caricature consiste sans doute à affubler l'animal de traits humains, et dans ce cas, le parallèle entre l'expression faciale et les attitudes corporelles de l'homme et de l'animal est proche. Un effet différent est créé par la caricature décorative, qui accentue harmonieusement les traits caractéristiques. Dans l'une ou l'autre de ces approches l'artiste exerce sa créativité (d'où l'utilité de la caricature comme exercice).

Si vous êtes débutant et que vous projetez une visite artistique au zoo, dans un concours hippique ou dans n'importe quel endroit où vous pourrez observer des animaux en action, je vous suggère d'emporter avec vous plusieurs crayons tendres, et même un crayon Conté. Les crayons tendres vous obligeront à travailler franchement et le crayon Conté est pratique pour obtenir des résultats rapides lors des ébauches.

Il est impératif de travailler rapidement et franchement puisque les animaux bougent tout le temps. Parfois il faut être capable de capter l'essence de la posture en quelques instants. Pendant que vous croquez, soyez toujours conscient de la forme — faites des efforts en ce qui concerne l'attitude — habituez-vous à l'animal.

Les nombreux conseils de base de cet ouvrage pour croquer rapidement devraient vous aider à capter le mouvement et le caractère essentiel des animaux et d'éviter les postures raides qui sont le résultat fréquent et malheureux de nombreux croquis animaliers faits à partir de modèles vivants.

Un dernier mot sur les dessins de construction de cet ouvrage : j'ai toujours mis l'accent sur les dessins de construction plutôt que sur le texte ; ainsi l'étudiant est plus à même de voir le processus de développement des dessins en observant un exemple plutôt qu'en suivant une théorie ou une description.

Une grande partie du travail a été effectuée au pinceau et à l'encre. C'est un bon moyen à la fois pour la reproduction et le croquis, et si vous n'avez pas encore essayé mais désirez le faire, prenez un bon pinceau en poil de martre, n° 2 ou 3. Utilisez de l'encre bien noire, car certaines marques bon marché pâlissent dès qu'on les gomme un peu.

J'espère sincèrement que cet ouvrage va se révéler stimulant et précieux pour tous les artistes (étudiants, amateurs et professionnels) intéressés par le dessin d'animaux, et que l'utilisateur s'amusera autant en l'étudiant que je l'ai fait en le préparant.

KEN HULTGREN

Août 1950.

SOMMAIRE

QUELQUES TRUCS...

Il est recommandé de diviser le corps en trois parties (antérieurs, flancs, et postérieurs), car cette division étant naturelle elle aide à trouver les bonnes proportions, à bien dessiner la ligne du dos (ligne des vertèbres) et à centrer l'animal.

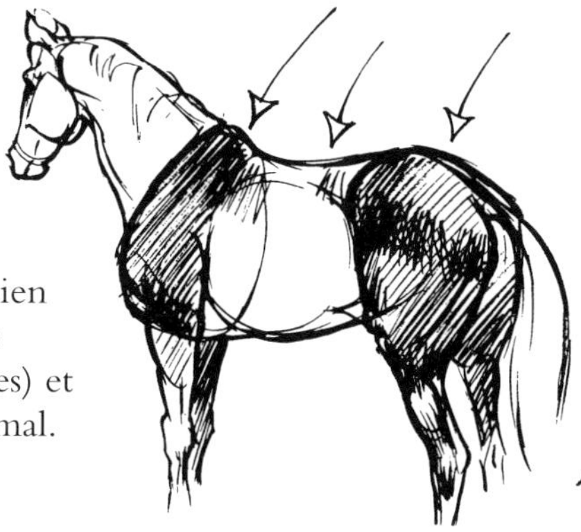

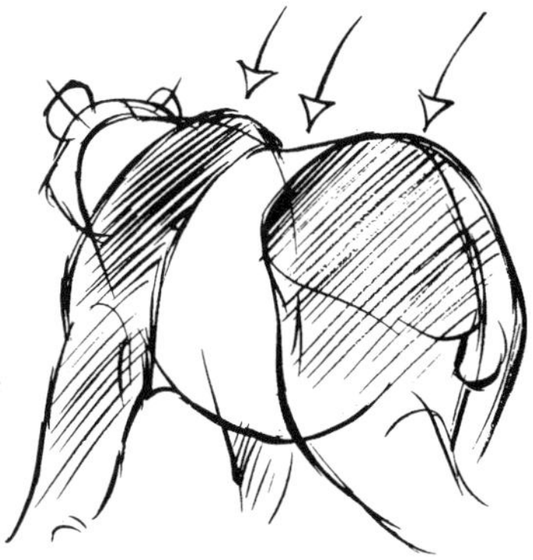

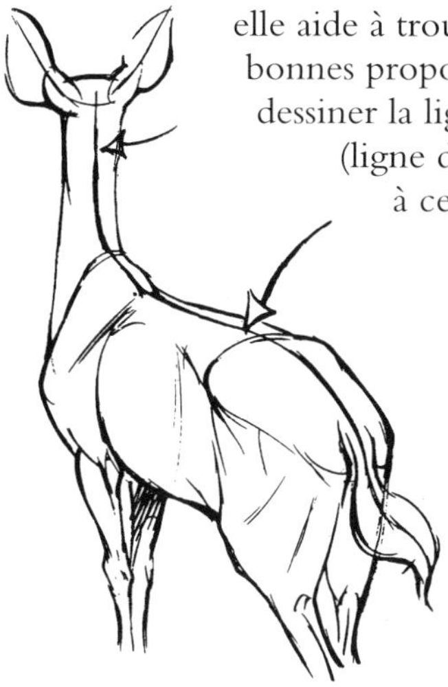

Les ours ont tendance à avoir les pattes en dedans, et les grands félins sont un peu panards.

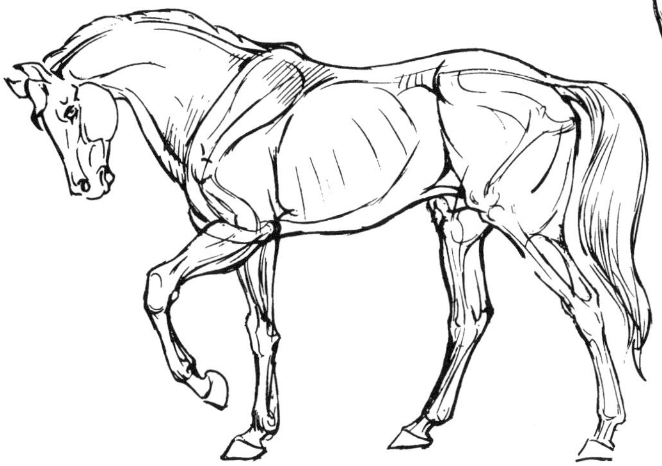

La plupart des animaux à sabots ont les genoux légèrement cagneux, surtout lorsqu'ils sont jeunes.

Indiquez toujours les os du squelette qui donnent au croquis sa cohérence. Lorsque vous vous serez familiarisé avec la taille approximative de chaque os, dessiner deviendra plus facile.

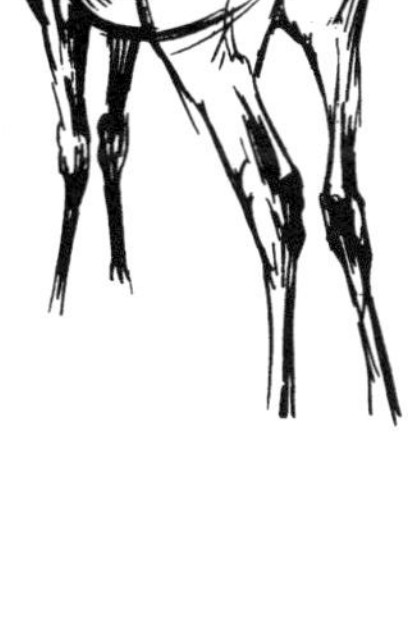

Divisez également la tête en trois parties : le museau, la partie longue du nez et la base du crâne.

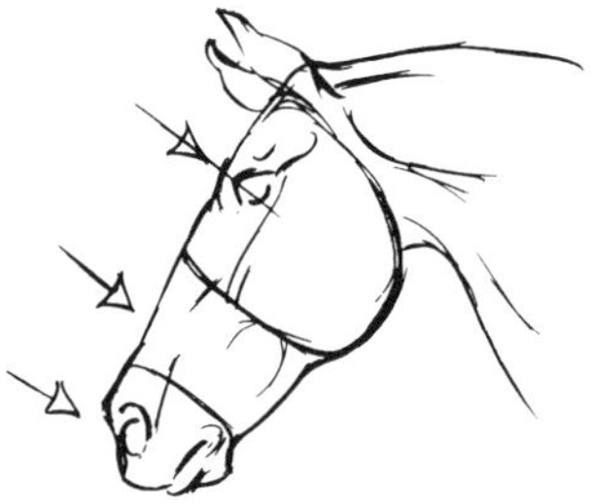

Ajoutez les oreilles à l'arrière de la tête. Pour simplifier, marquez-en la base avec un ovale.

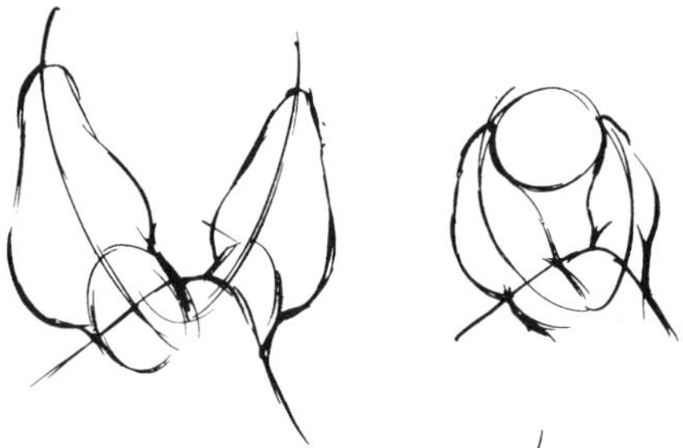

Pour la construction, divisez la tête par le milieu car c'est une division naturelle.

Alignez les yeux sur les oreilles et les naseaux ; c'est un bon moyen de se repérer qui s'applique à la plupart des animaux.

Gardez à l'esprit qu'en général les yeux sont placés sur le côté de la tête. Les lignes de guidage se dessinent lorsque vous en êtes au stade de la construction.

Chez les ours, les chats et les chiens les yeux sont plus en avant.

Lorsque vous dessinez des animaux, essayez de varier la position des pattes. Un croquis dans lequel celles-ci sont placées sous différents angles est beaucoup plus intéressant que celui dans lequel elles sont parallèles, ce qui donne une posture raide et guindée.

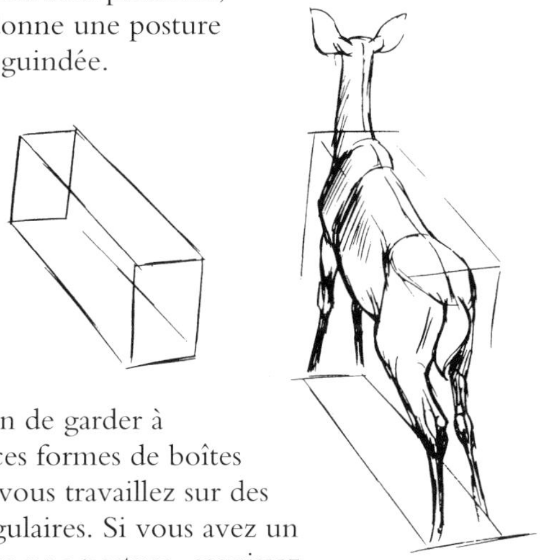

Il est bon de garder à l'esprit ces formes de boîtes lorsque vous travaillez sur des vues angulaires. Si vous avez un doute sur une posture, esquissez légèrement votre boîte et vérifiez votre perspective.

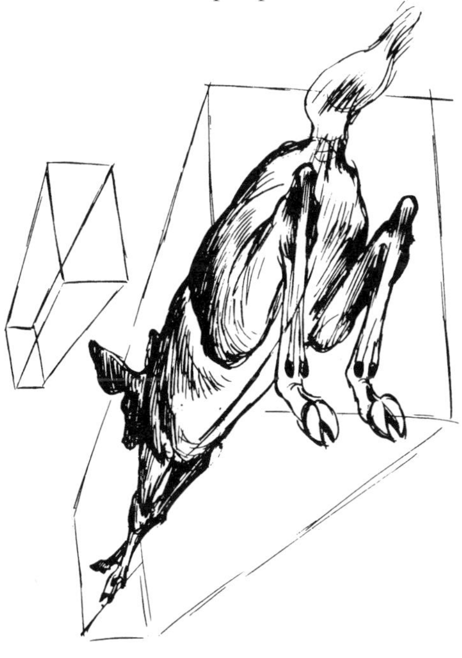

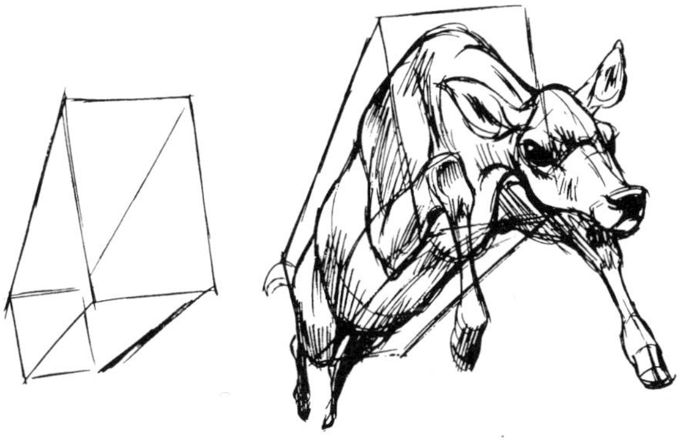

SQUELETTES SIMPLIFIÉS

Avant de vous concentrer sur des animaux spécifiques, il est utile de noter quelques particularités concernant le squelette en général.

Une fois que vous aurez acquis quelques connaissances sur les axes des articulations d'un squelette ou sur les articulations elles-mêmes, votre dessin se mettra en place plus facilement.

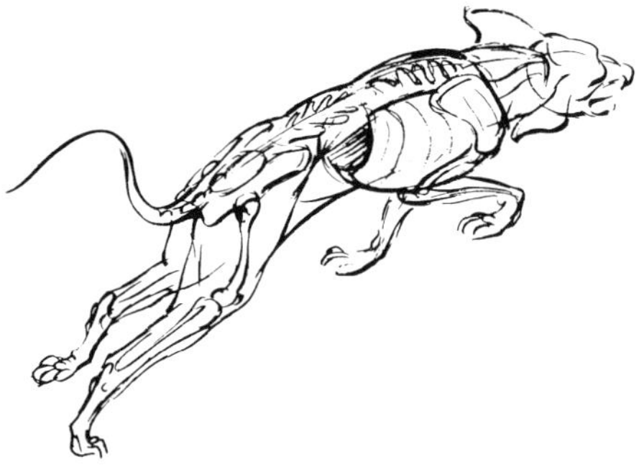

Les pattes sont très flexibles et capables de se replier sur elles-mêmes ou de se tendre.

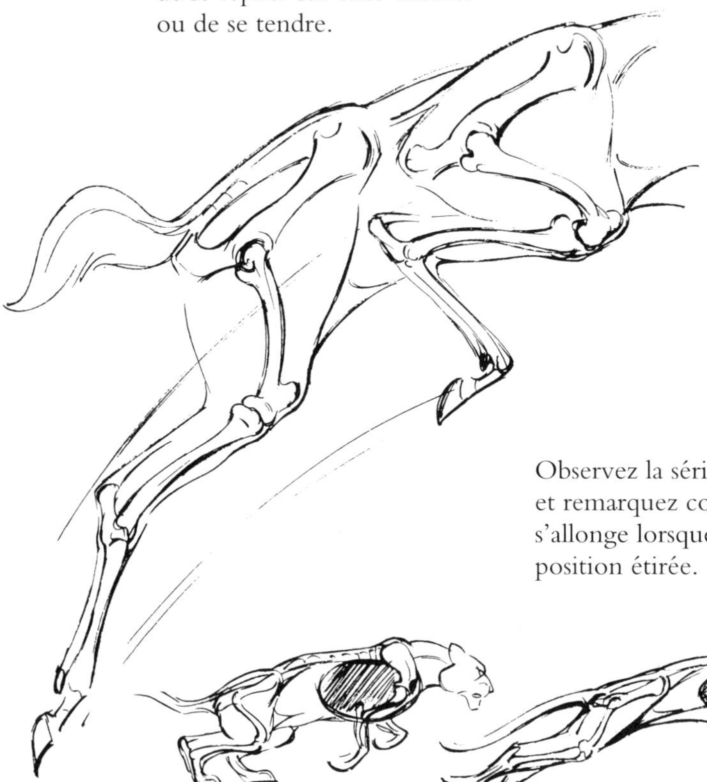

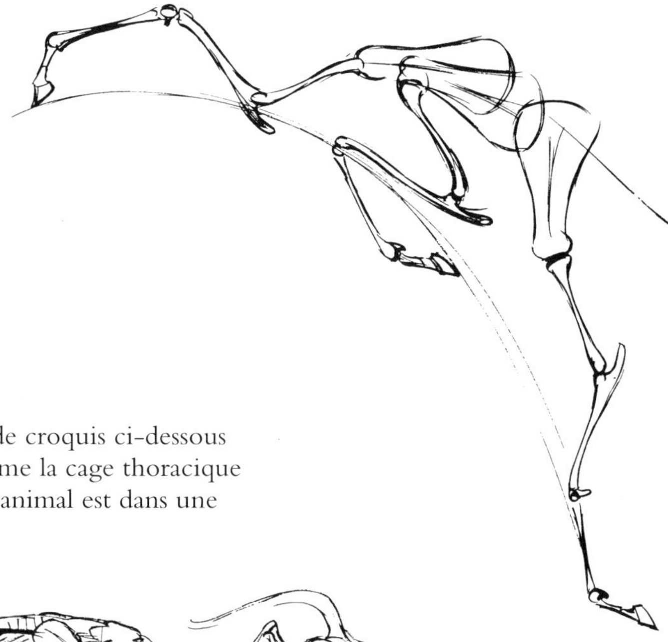

Observez la série de croquis ci-dessous et remarquez comme la cage thoracique s'allonge lorsque l'animal est dans une position étirée.

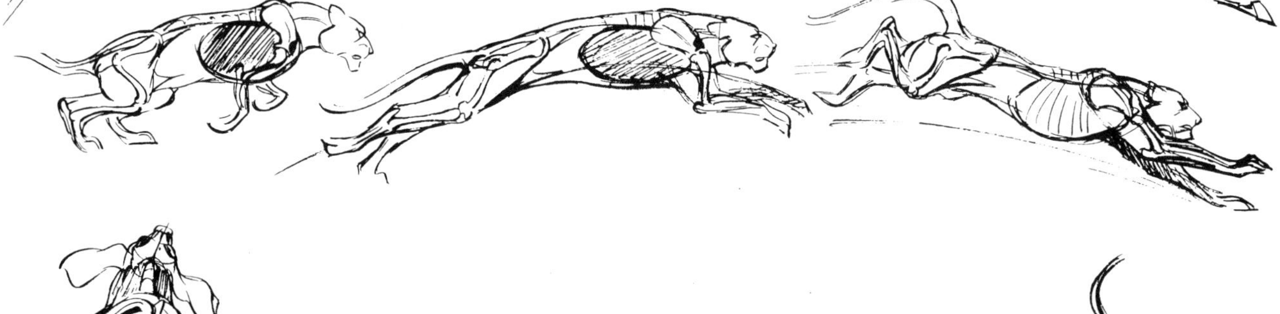

ESQUISSER LES FORMES

Une fois que vous aurez en tête les principes de base du squelette, vous pourrez procéder à votre dessin avec plus d'assurance. En croquis, il est utile d'indiquer les positions ou les axes des articulations sur le dessin.

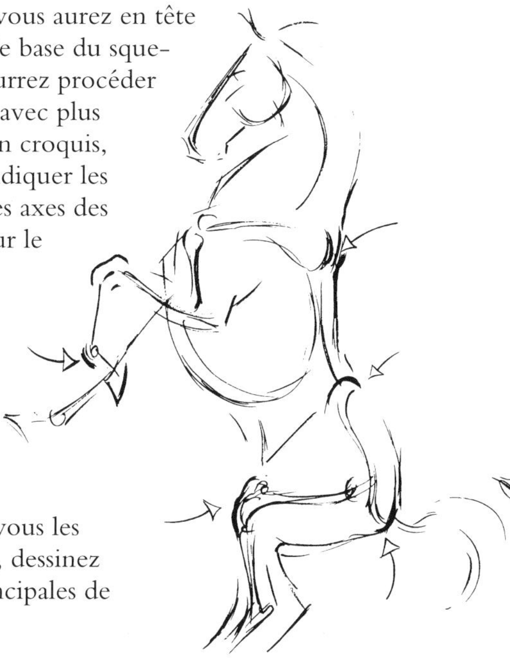

Une fois que vous les aurez localisés, dessinez les formes principales de votre animal.

Un schéma comme ci-dessus sera utile lorsque vous aurez à dessiner des formes qui se suivent. Ne l'oubliez pas quand vous dessinerez n'importe quel animal dans cette position.

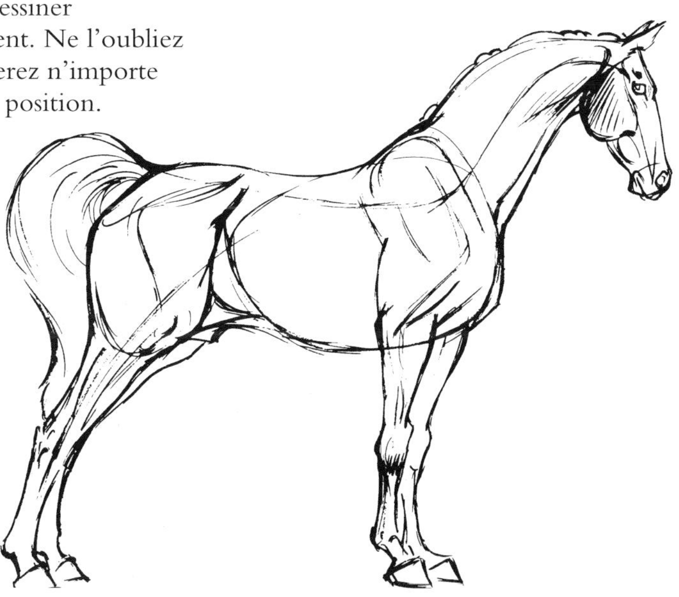

STRUCTURES DE BASE

Ces structures de base vous aideront à travailler vos dessins de construction et de mouvement.

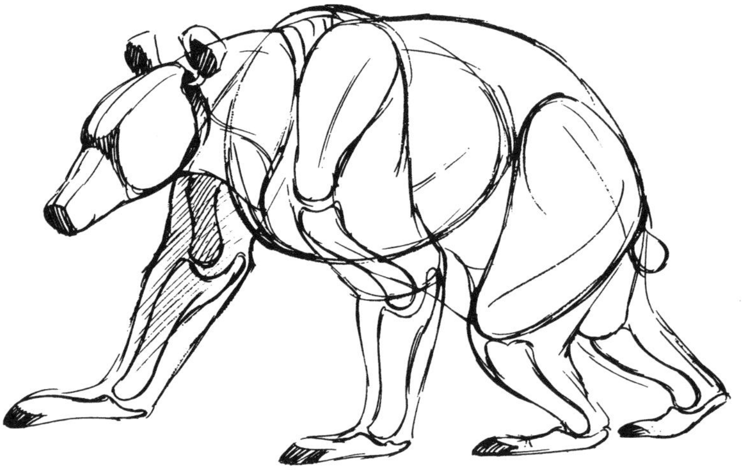

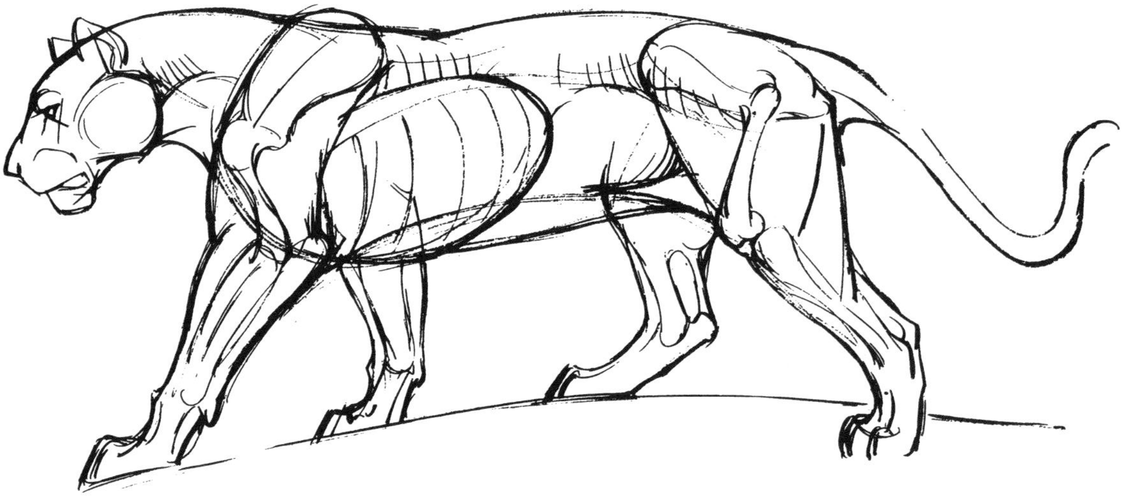

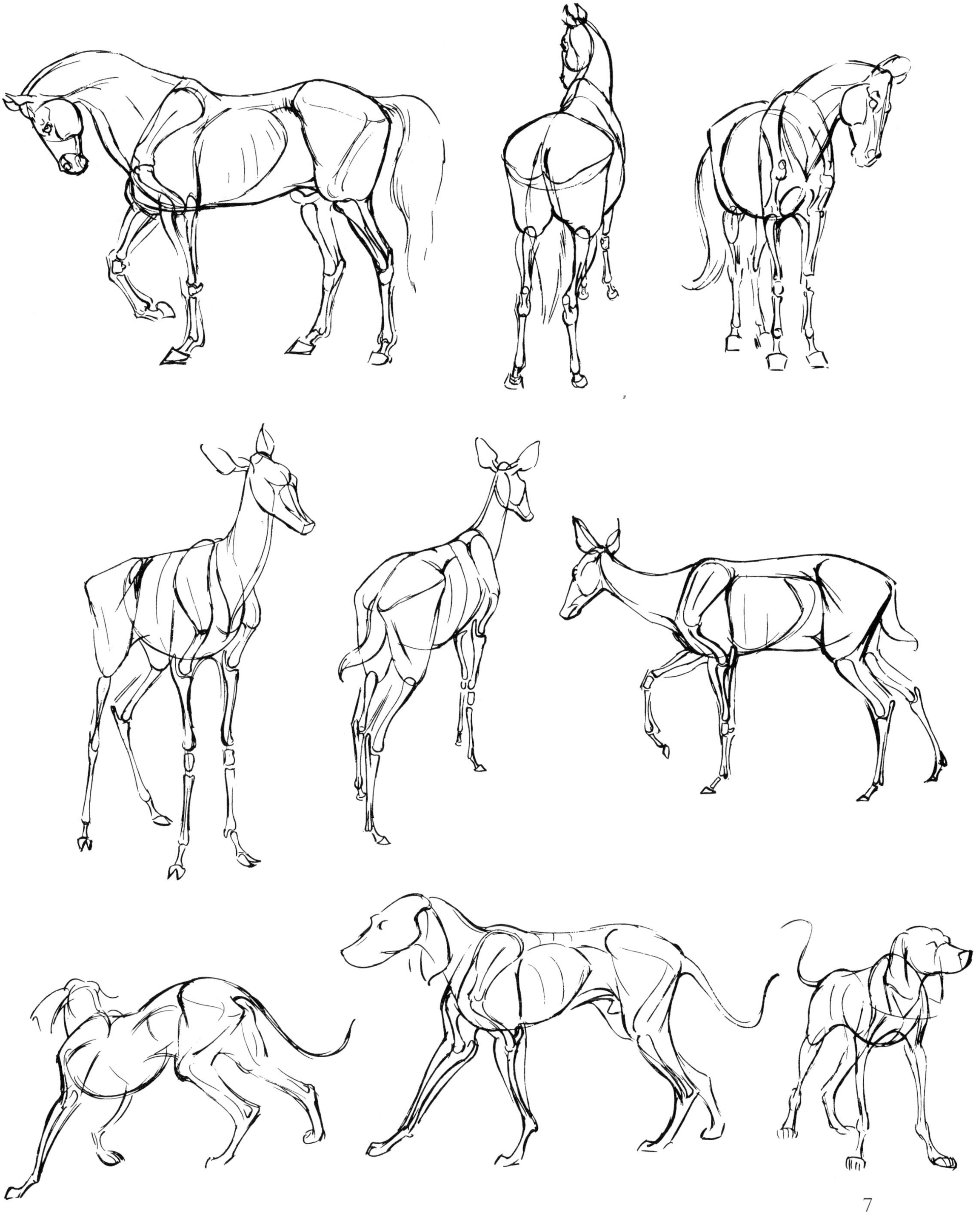

IMPRESSIONS ET ÉMOTION

Chaque artiste est un acteur, en cela qu'il transmet à l'observateur l'humeur ou l'attitude de ses sujets, et qu'il doit sentir la situation avant de la transcrire sur le papier. Si l'ambiance est tendue, comme celle du groupe de biches, il faut vous efforcer de rendre la tension des sujets. Dans ces moments-là, les animaux se ramassent sur leur arrière-train, se préparant à une fuite rapide si la situation dégénère. Les oreilles et les queues sont dressées, et le blanc des yeux est rarement visible chez les animaux, sauf s'ils sont extrêmement tendus ou apeurés. Dans le groupe de biches, les cous tendus aident aussi à donner une idée de la tension.

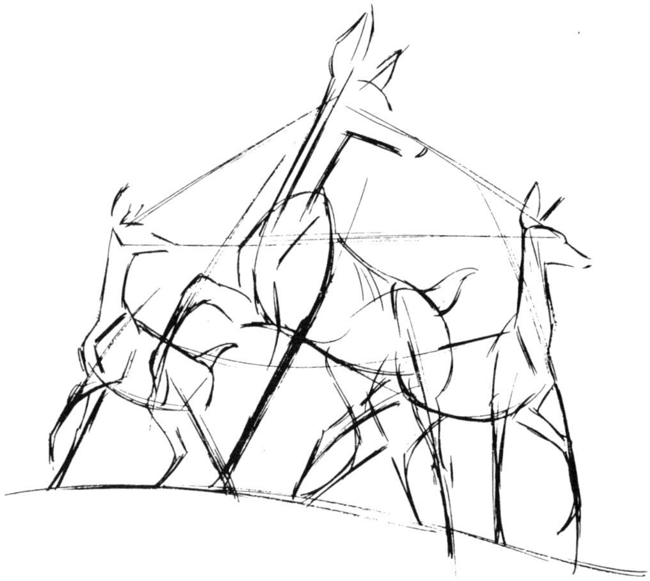

Dans une posture de grande fatigue, comme celle du cheval ci-dessous, l'effet voulu requiert le plus d'affaissement possible. Les animaux traînent leur poids d'une patte à l'autre lorsqu'ils sont fatigués, leur tête pend misérablement, et le fait de leur laisser les épaules hautes accentue cet effet.

Pour rendre la surexcitation, ébouriffer les crinières des chevaux a été utile. Les naseaux sont dilatés, les oreilles rabattues, et le blanc des yeux est visible. Les muscles de l'encolure sont tendus.

La meilleure manière de mettre en scène des chiens apeurés est de garder les têtes basses, tout en concentrant leur attention vers le haut. L'arrière-train est abaissé et la queue entre les jambes.

Les lionnes ci-dessous, dégagent une impression de satisfaction paresseuse. Comme leurs cousins domestiques, les lions balancent la queue lorsqu'ils sont détendus. La tête de l'animal qui se repose sur l'autre donne à la scène une impression de tranquillité.

Quelle que soit l'ambiance, visualisez-la mentalement avant de commencer à travailler. Il sera peut-être nécessaire d'esquisser différentes postures avant d'en trouver une satisfaisante. Se poser les questions suivantes est un bon test : Cette posture aura-t-elle toujours sa signification en silhouette ? Ma mise en scène est-elle compréhensible ? Comment puis-je renforcer l'effet de cette posture ?

UTILISATION DES LIGNES

Il existe deux sortes de lignes : les lignes droites et les lignes courbes de degrés variés. Au départ on utilise les lignes pour construire les formes et les volumes, et pour créer le mouvement.

Fig. 1 Fig. 2 Fig. 3 Fig. 4 Fig. 5

Voici quelques lignes de base pour construire les formes et les volumes.

Un exemple de figure 1 est le félin. Remarquez les lignes en gras dans ces exemples.

Fig. 2

Fig. 3

La figure 3 est aussi un bon exemple pour créer une impression de poids dans une posture horizontale.

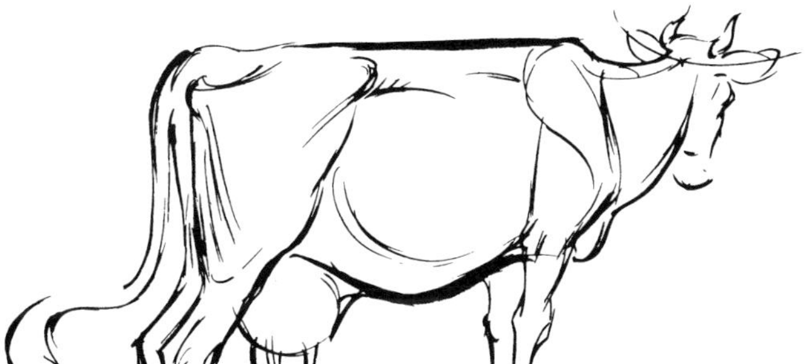

Fig. 4

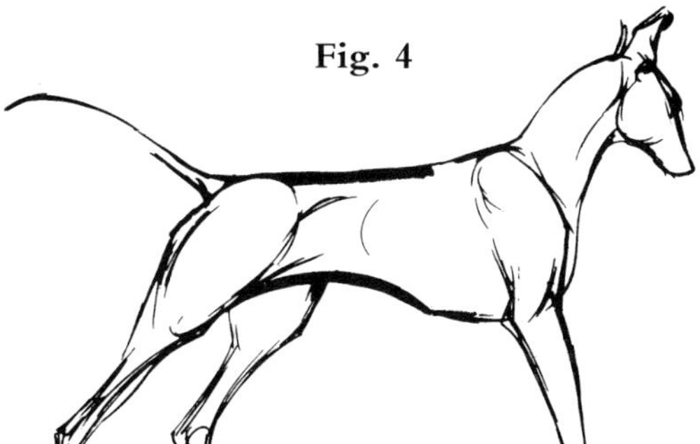

Fig. 5

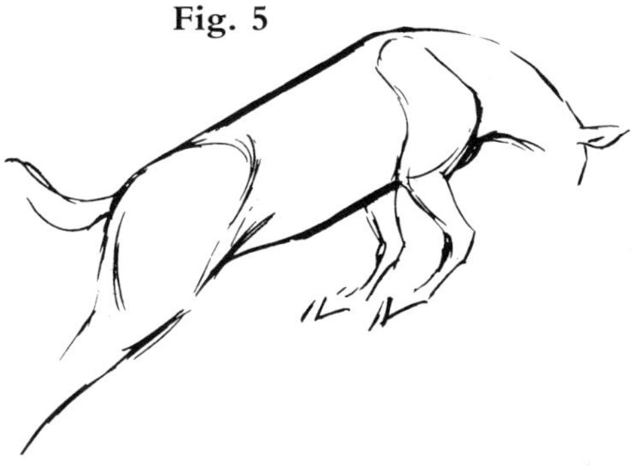

Une autre fonction des lignes est de créer le mouvement.

Avec cet arc, le mouvement peut aller dans deux directions.

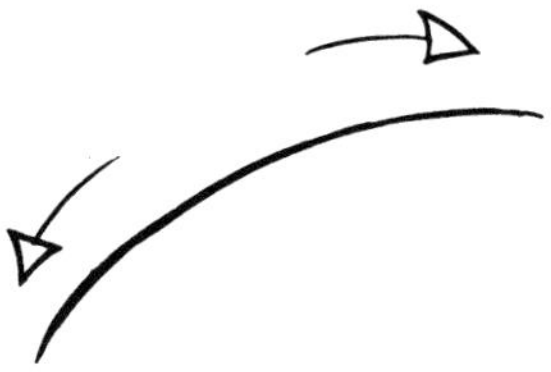

Pour créer plus de mouvement, tracez un autre arc en sens inverse.

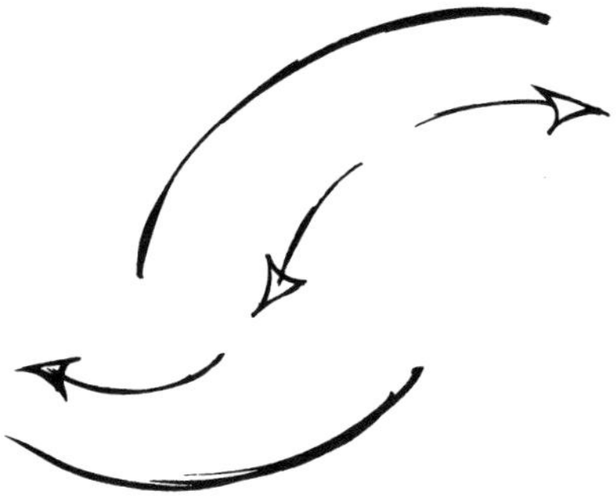

Pour continuer la construction, utilisez la ligne droite, qui allège la monotonie de toutes les courbes.

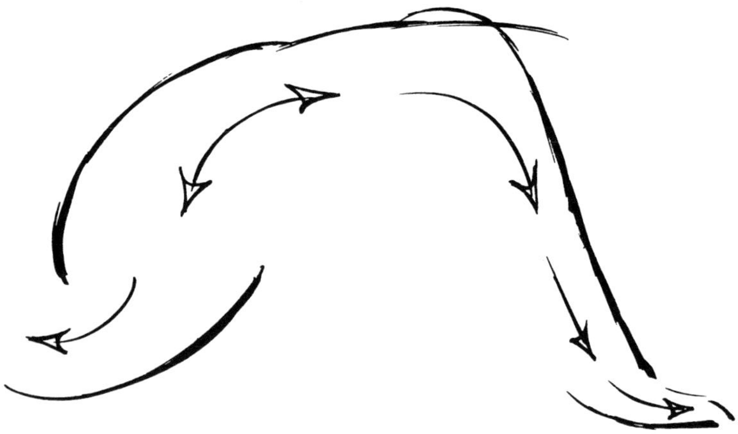

À ce stade, notez comment la ligne du ventre s'oppose à celle de la patte. L'opposition est toujours bonne, car elle fait partie d'une bonne composition. Travaillez forces contre forces.

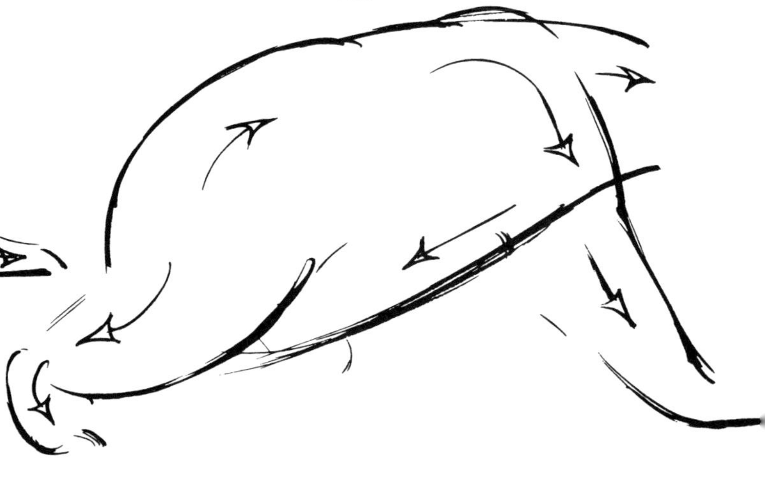

Répéter une ligne est aussi très utile, car cela fournit le contraste nécessaire à l'opposition. Remarquez la patte arrière droite de l'ours et la ligne du ventre.

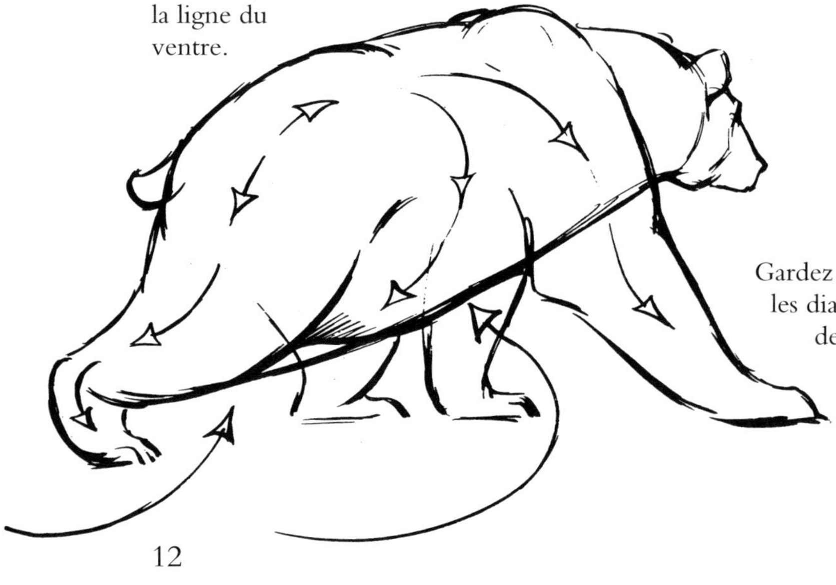

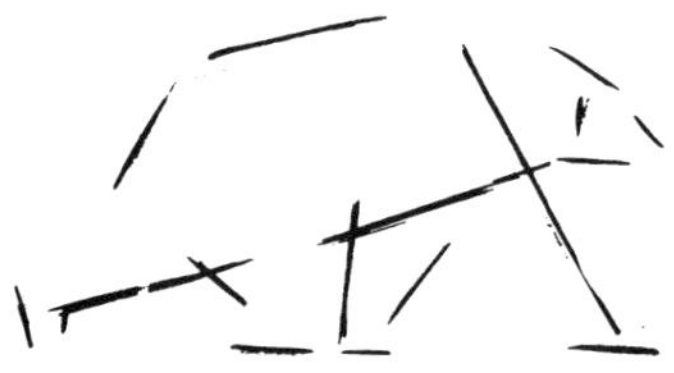

Gardez les horizontales, les verticales et les diagonales à l'esprit. Chaque dessin devrait en contenir.

Pour rythmer et élancer votre dessin intégrez-y toujours une ligne d'action. Voici quelques-unes des lignes admises.

Une ligne d'action suit généralement une courbe gracieuse.

Le cou et la queue sont d'excellents endroits pour établir cette courbe ; mais ils peuvent aussi être utilisés différemment. Dans ces deux postures, ils font tous deux partie de la ligne d'action.

Dans ce cas, la queue est utilisée comme un accent. Remarquez la jambe qui mène à la ligne d'action.

Les accents sont utiles car ils allègent la monotonie du mouvement (comme une touche de rouge sur un fond uniformément vert).

Exagération

Utilisez toutes les possibilités que vous offre la posture, quelles qu'elles soient. Si un cheval décolle pour se cabrer, étendez vraiment ses jambes et renversez la tête et le thorax dans un mouvement vers le haut. Voici un autre exemple d'étirement.

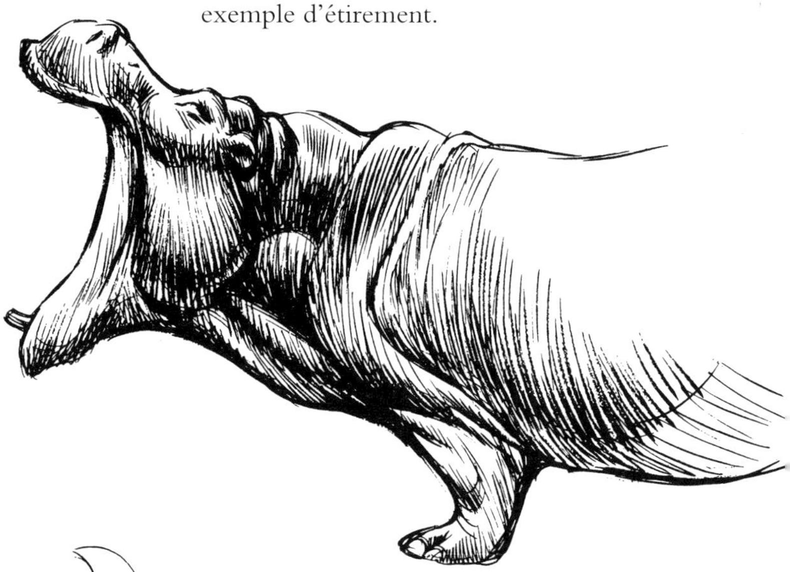

Poids

Dans le croquis ci-dessous, notez les différents mouvements, et l'étirement des jambes qui cherchent le sol. Dans le dessin du milieu, observez comment la jambe droite réagit au poids du corps. Remarquez que la jambe gauche est encore tendue, et ne supportera le poids du corps qu'au croquis suivant, et comment la jambe droite et le cou sont projetés vers l'avant pour le saut suivant.

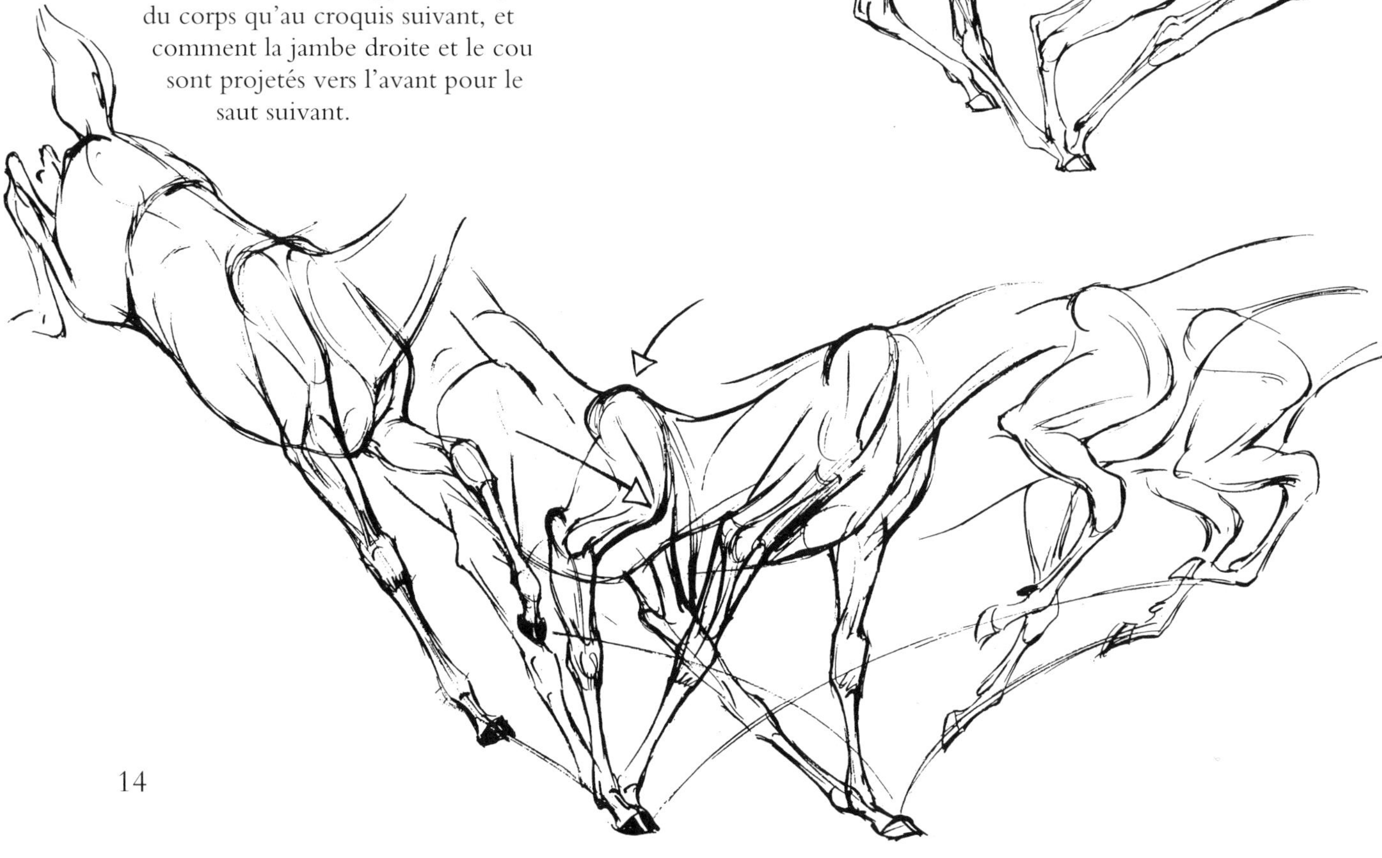

ANALYSE DE L'ACTION/ANIMATION

Ressentez le poids, la force et la tension, l'action et la réaction.

Les arcs sont importants dans l'animation. Il y a toujours un axe d'articulation, mais même cet axe peut être mobile, comme ci-dessous.

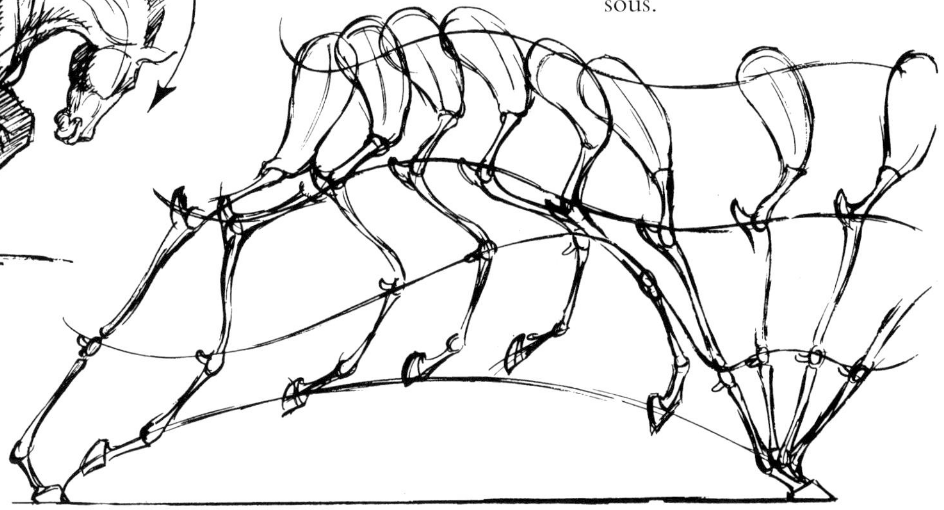

Les flèches indiquent le déroulement de l'action.

Le chevauchement est un autre facteur important de l'animation, où certaines parties du corps suivent des actions différentes. Observez les jambes.

L'utilisation du mouvement inverse est un bon exercice.

Notez le tassement puis l'élongation des formes, comme chez ce lapin qui s'enfuit.

Étudiez chaque squelette et le dessin qui en découle. Observez comment les flancs s'arrondissent vers l'extérieur et les jarrets vers l'intérieur, et comment les genoux deviennent légèrement cagneux en position debout.

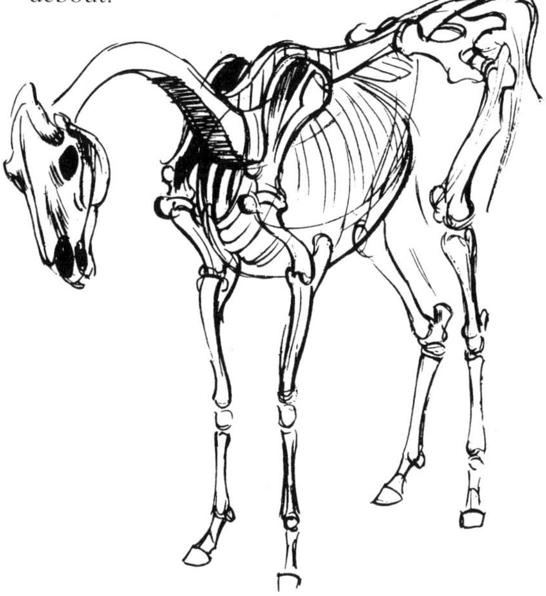

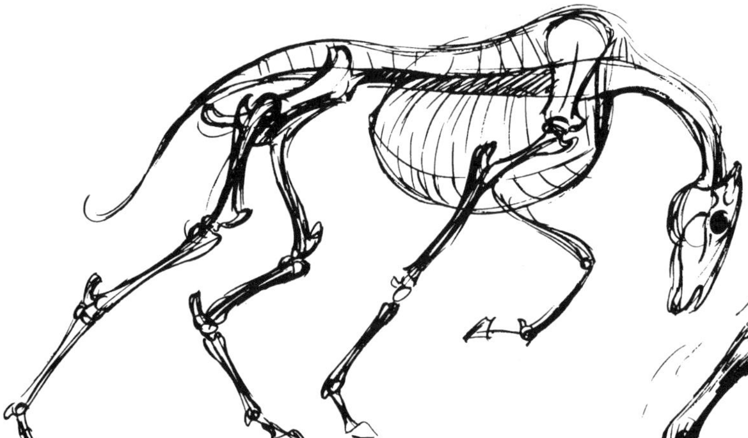

STRUCTURE MUSCULAIRE

Observez la structure des muscles conduisant à la tête. Dessiner le squelette en s'appuyant sur ce dessin constitue un exercice intéressant, car cela montre clairement comment les muscles s'enroulent autour des différents os.

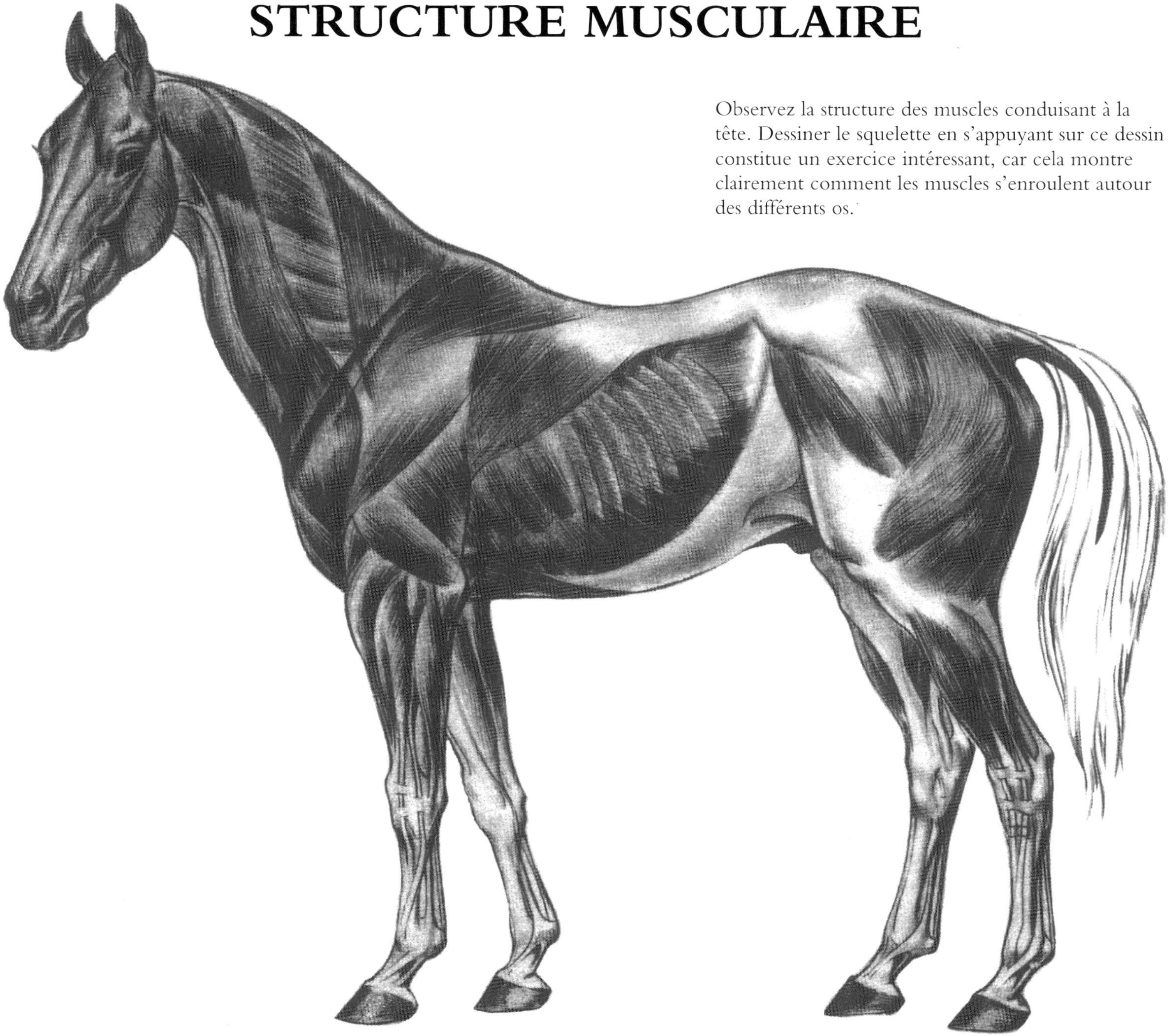

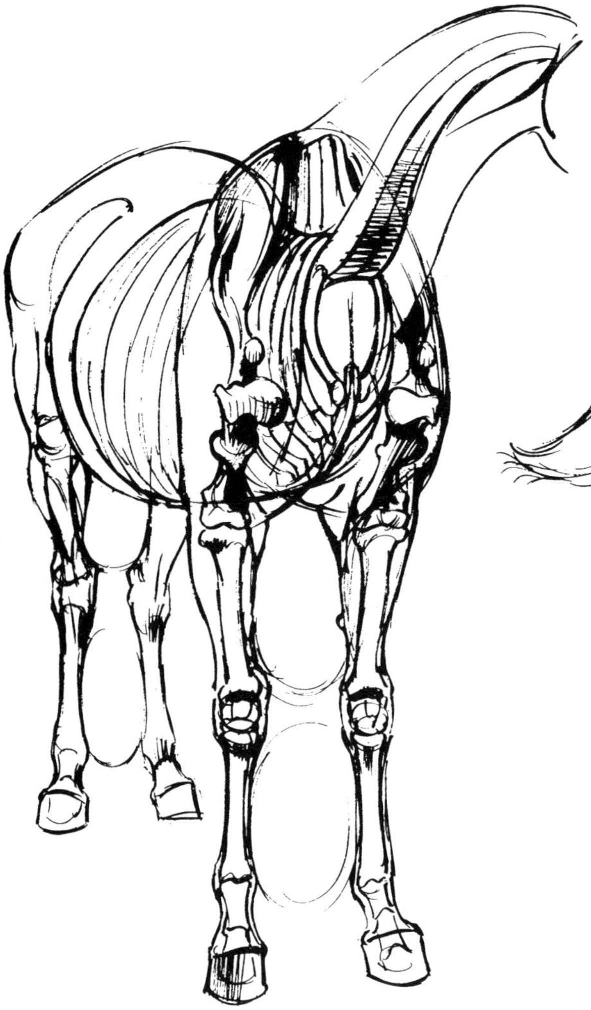

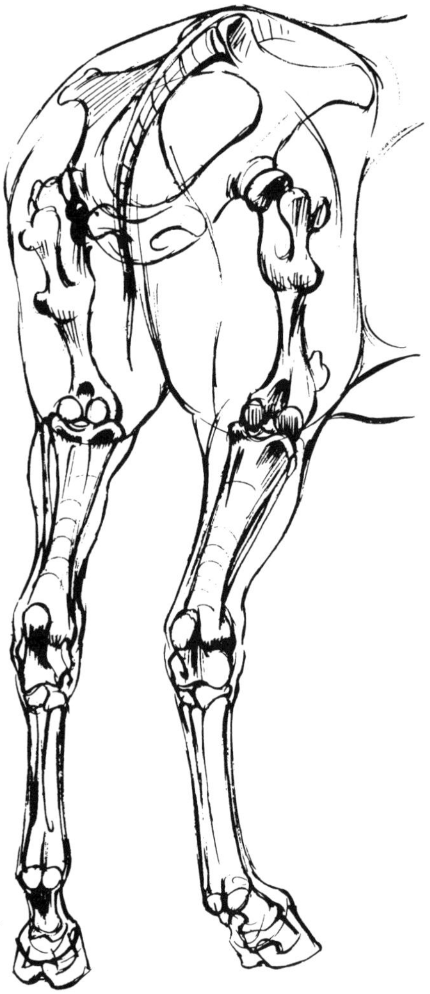

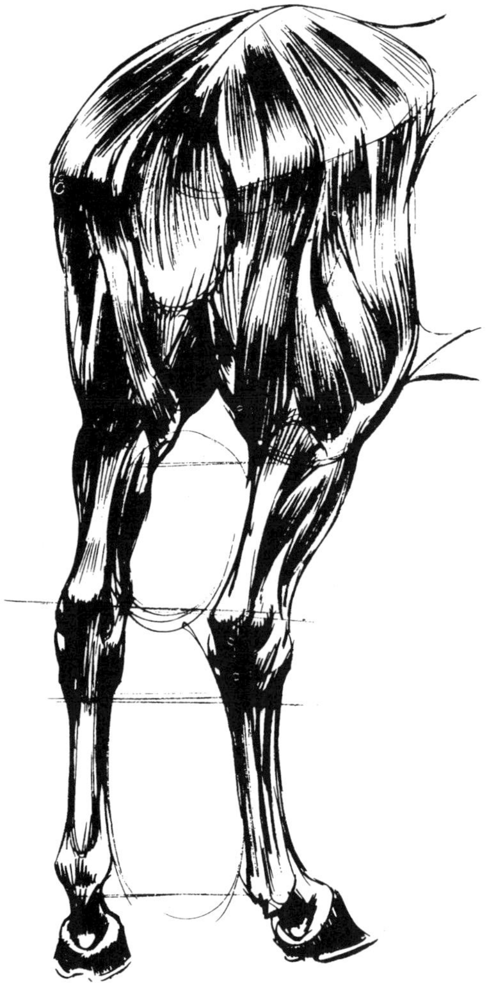

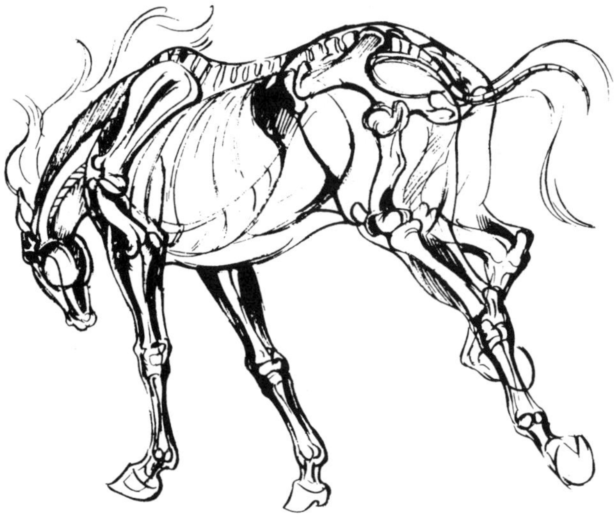

DIFFÉRENTES PARTIES

Décomposer un cheval en différentes parties vous aidera à visualiser l'animal comme un objet massif, ainsi qu'à déterminer la taille relative de chaque partie. Notez la position de l'omoplate.

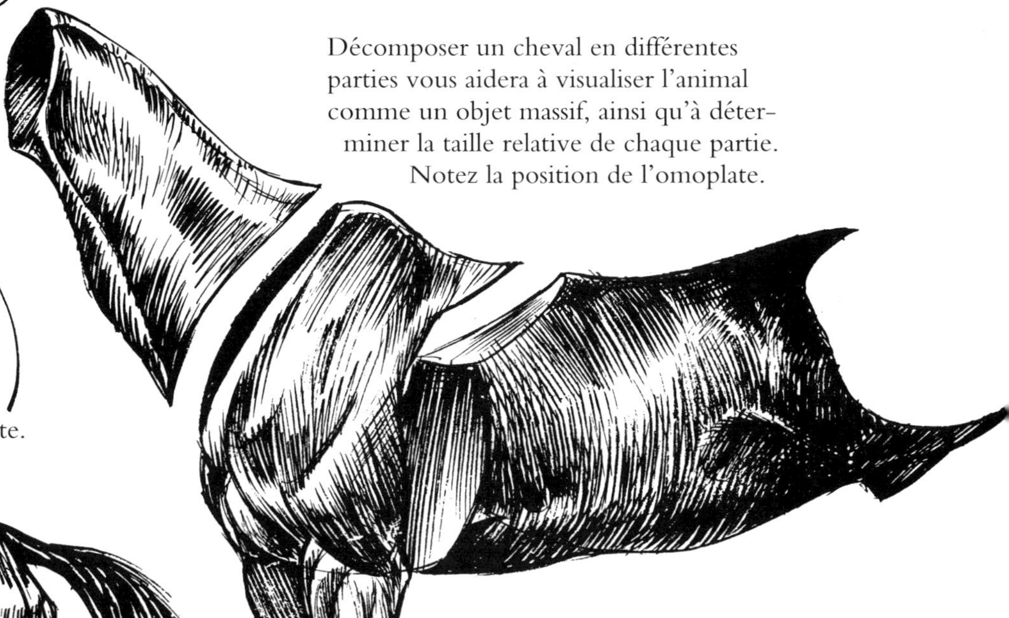

Le cou s'insère dans la tête.

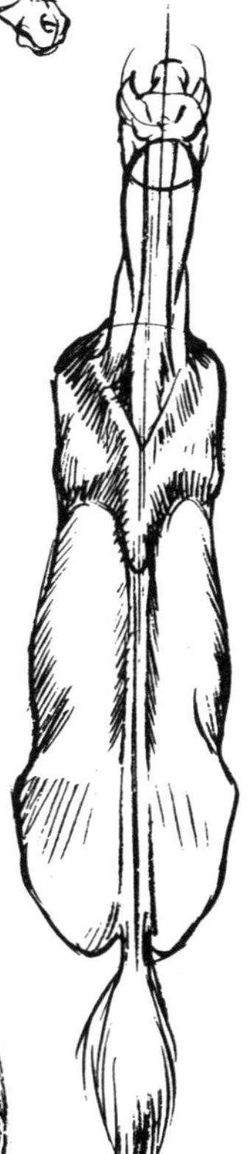

Le ventre s'emboîte par-dessous.

Les différentes parties assemblées à partir d'une vue de profil.

TÊTES

Il n'existe pas une méthode facile pour esquisser une tête de cheval, tant il y a de plans à considérer. Une fois que vous vous serez familiarisés avec le crâne, le travail sera relativement simple, surtout parce qu'une grande partie de la structure osseuse de la tête est apparente.

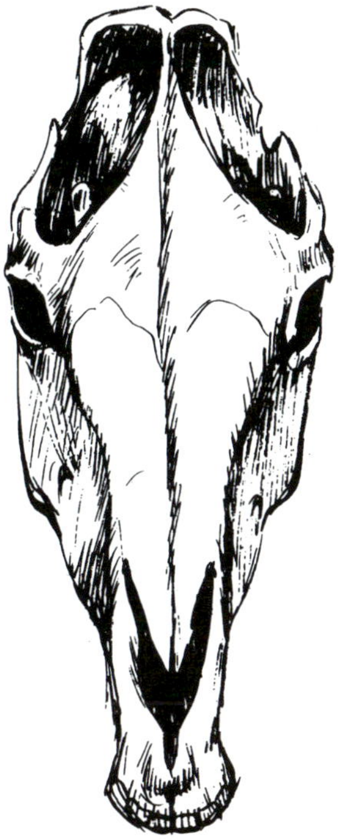

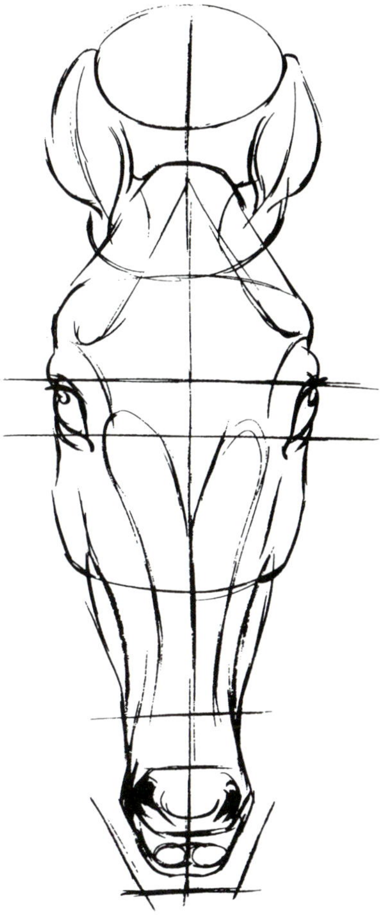

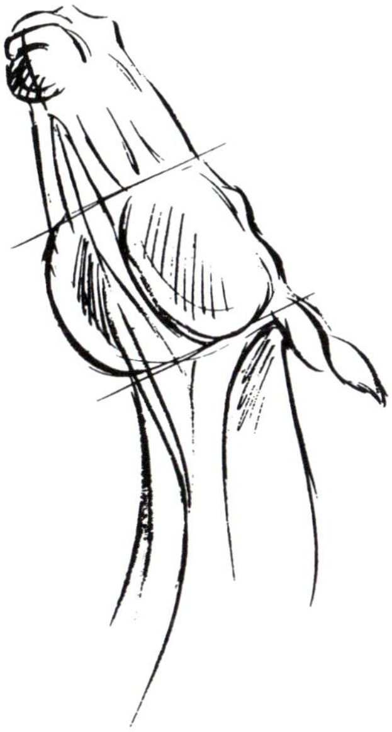

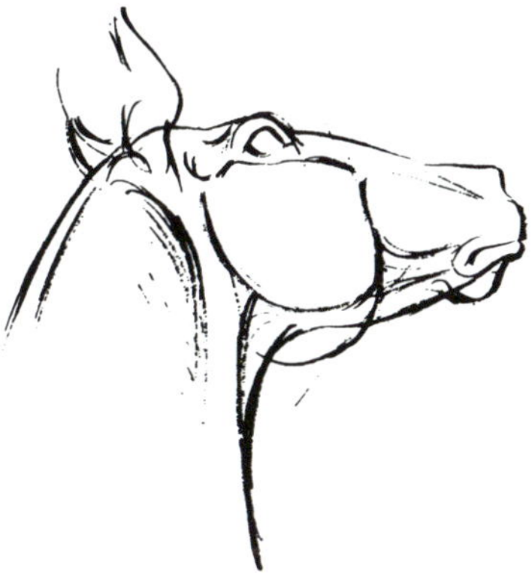

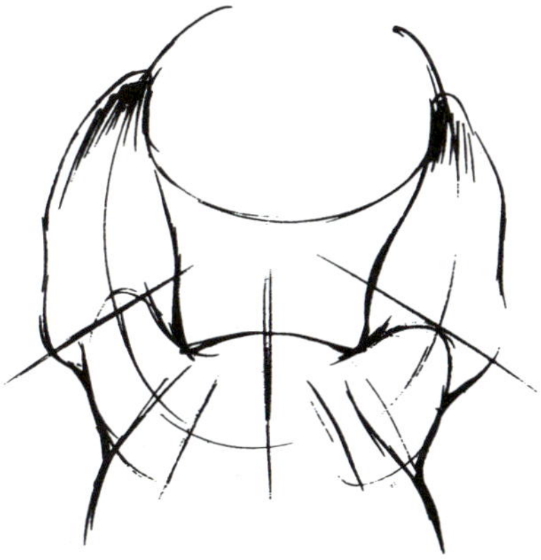

Le fait de diviser la tête en deux parties pourra vous aider. Sur le croquis en bas à droite, remarquez comment les muscles de la nuque et l'os derrière l'œil se prolongent autour de l'oreille.

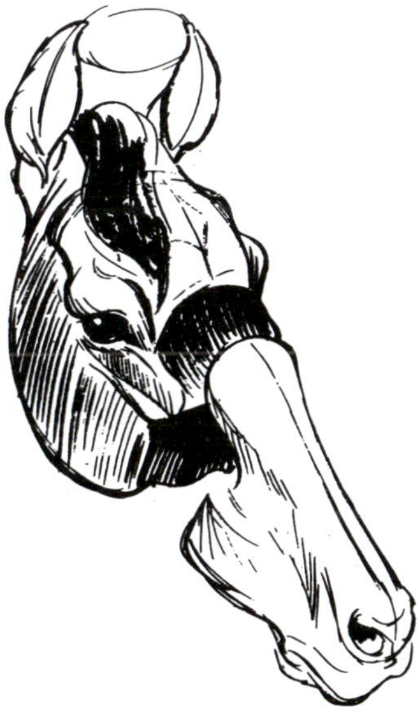

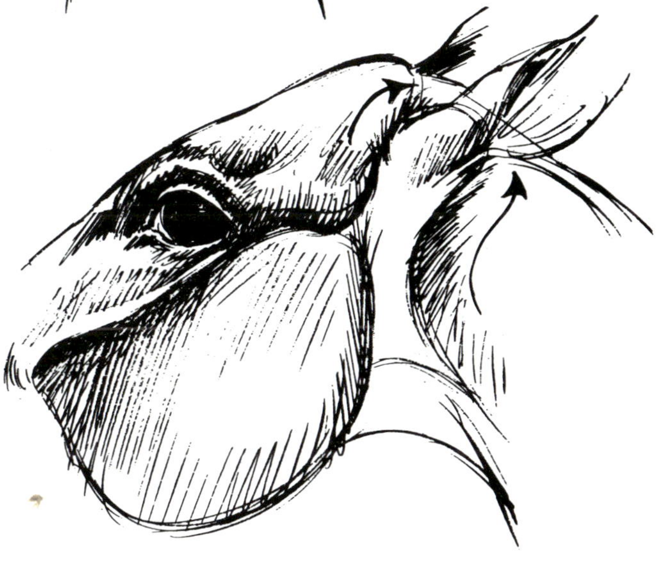

Visualisez mentalement la posture avant de l'esquisser.

CHEVAUX DE TRAIT

Ces dessins « emboîtés » montrent la différence de taille et de morphologie entre le cheval de trait et le cheval de selle.

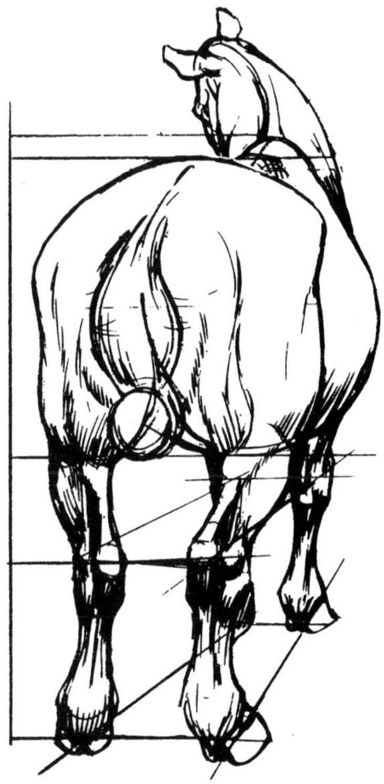

Le cheval de trait a une encolure et des épaules massives. Pour des raisons d'esthétique, les fanons sont laissés longs.

Notez la largeur de l'arrière-main.

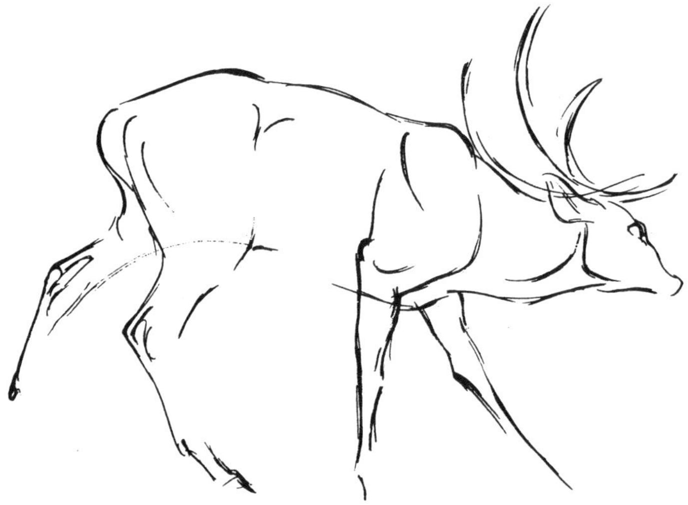

Quelques lignes peuvent suggérer beaucoup de formes.

Il est utile de créer une ligne d'action très prononcée allant de la patte postérieure à la tête.

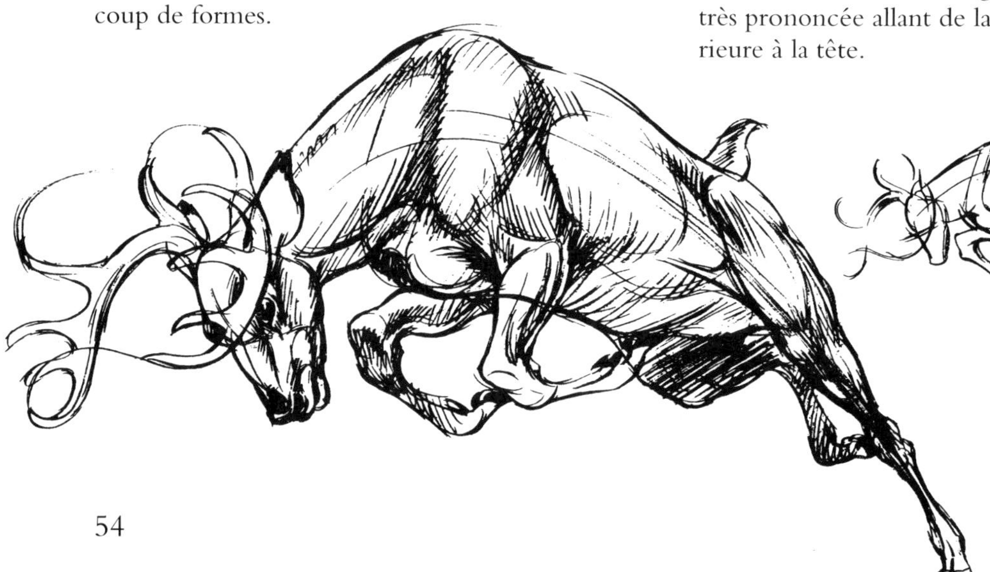

FAONS

Les faons ont une structure osseuse très délicate, et ils ont les genoux plutôt cagneux lorsqu'ils sont très jeunes, et comme beaucoup de jeunes animaux, ils ont le front haut et bombé.

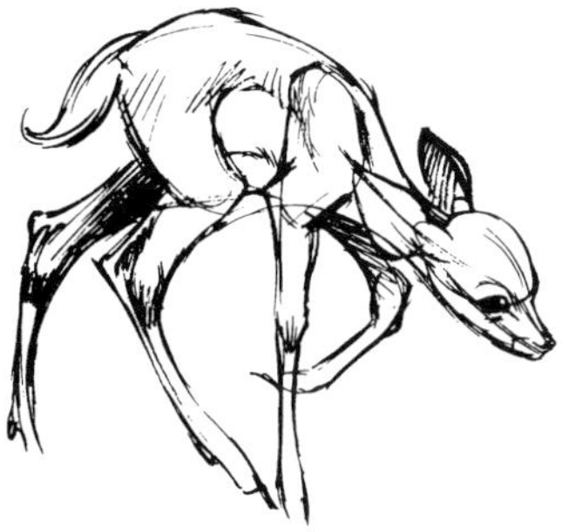

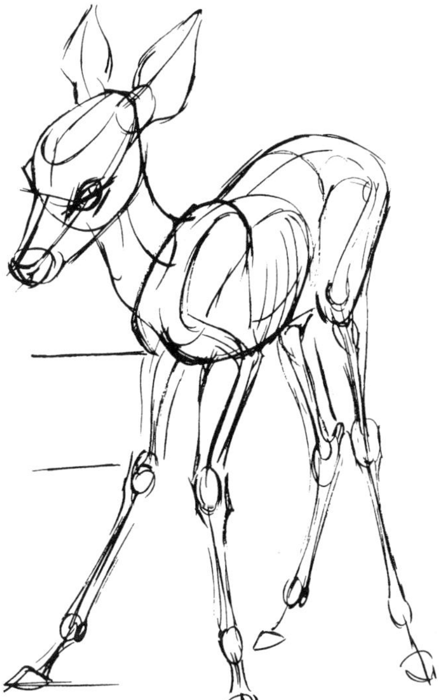

CERFS - Caricature

Utilisez des lignes nettes et souples, qui effilent le corps. Chez l'adulte le cou arqué contribue à suggérer la grâce. Pour le faon exagérez la petitesse du corps et la longueur des pattes. Observez comment le sommet de la tête est suggéré.

Pour donner au cerf un air majestueux, élargissez le cou et le poitrail, puis donnez du volume aux andouillers.

LES FÉLINS

Les félins ont généralement un corps long et étroit, avec de longues pattes souples et effilées. Le cou semble toujours se fondre dans le corps en une courbe élégante.

Pour donner du rythme à vos félins travaillez la fluidité des lignes et l'effilement des formes.

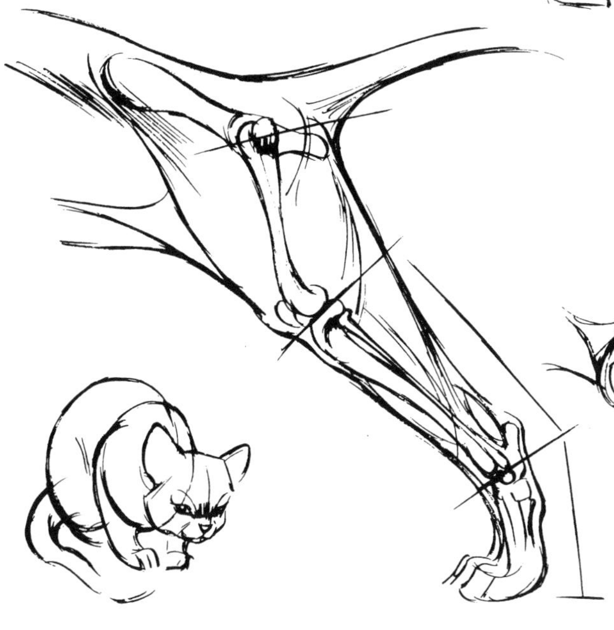

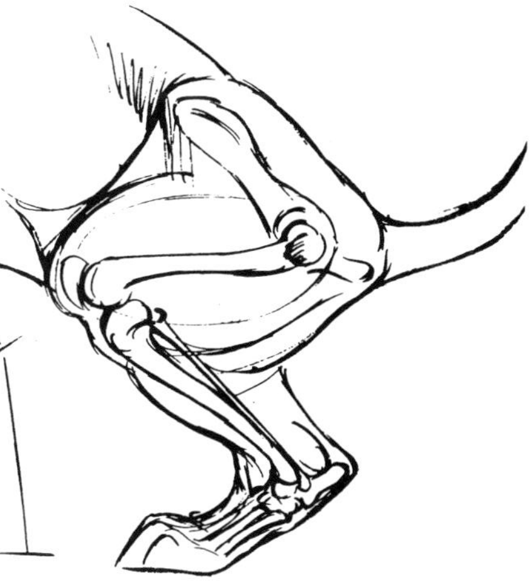

Remarquez la différence de taille entre l'extrémité très courte de la patte postérieure et la section supérieure beaucoup plus longue. C'est cette caractéristique qui permet aux félins de faire des sauts bondissants.

La mâchoire est large. Observez le parallèle entre un chat domestique et un félin sauvage comme le puma.

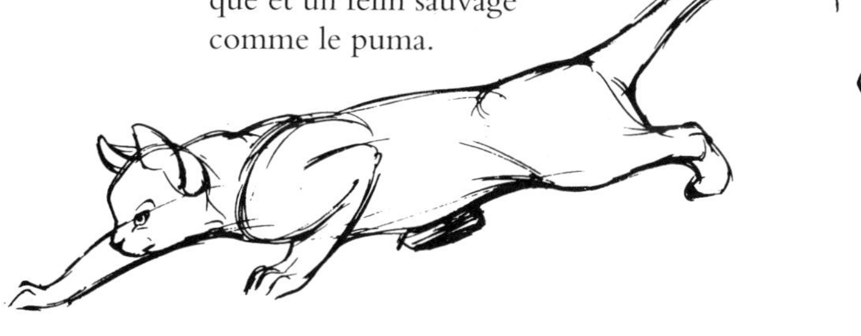

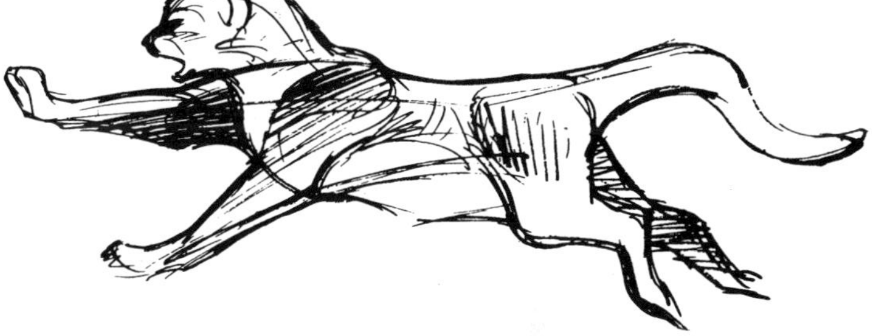

Pour donner l'impression de rythme entrelacez les formes entre elles. Cela ne fera pas qu'unifier votre dessin, mais lui apportera aussi dynamisme et grâce.

Rer
reli

LES GORILLES

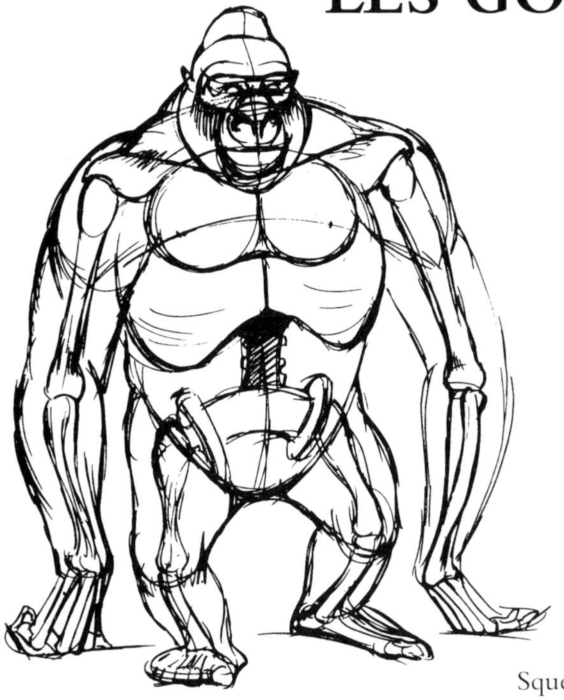

Squelette simplifié.

Pouces courts.

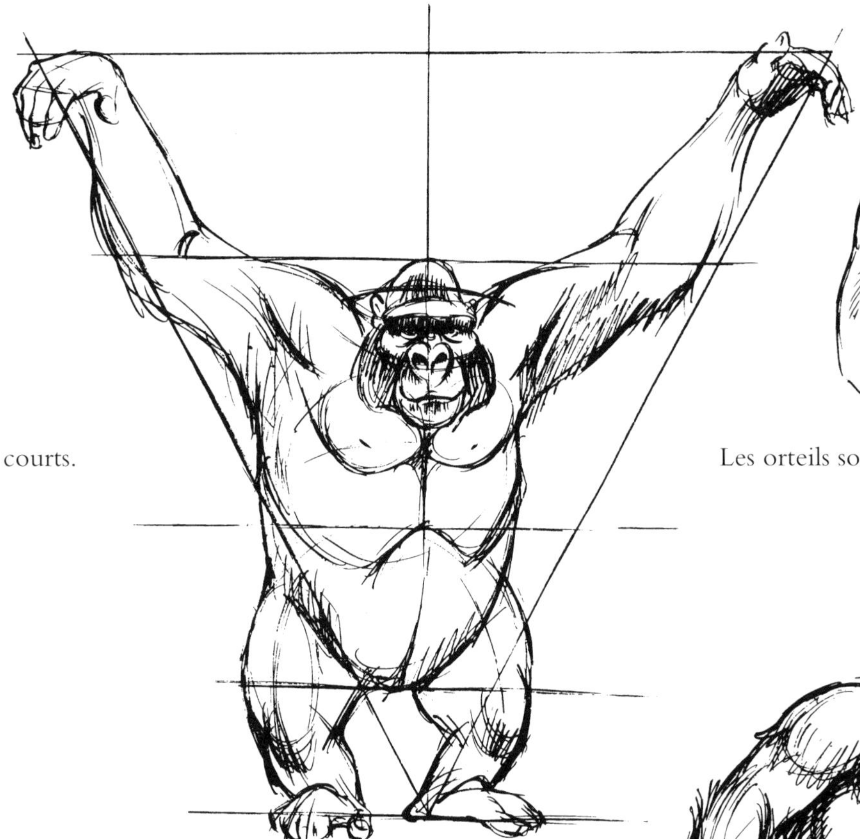

Les orteils sont largement séparés.

Corps massif
en tonneau.

LE

Malg
ronc
sous
env

Le
du
le
co

Les os de la mâchoire sont très prononcés, les yeux sont enfoncés et frontaux, les narines sont larges, et le front est bas.

Pour l
longu
réduis
donne
l'énor
gueul
et le c
court

Pour
mida
les pu
est er
gueu
du cr
par c
corps

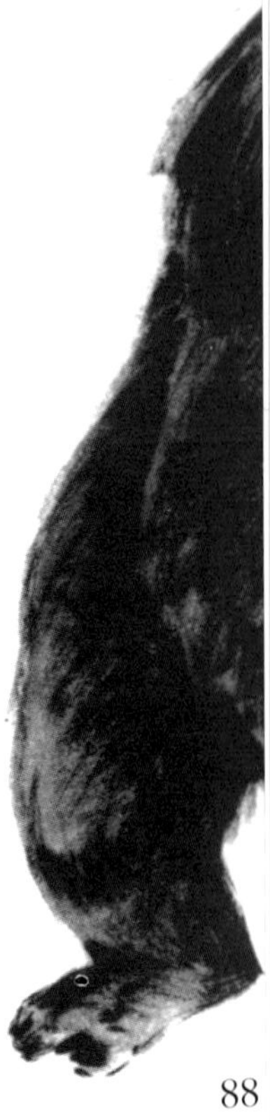

Renardeau.

RENARDS - Caricature

Le renard se laisse dessiner avec beaucoup de flexibilité. J'ai illustré ici les deux genres les plus fréquents : le type conventionnel et le type humanisé.

Sur le croquis ci-dessus, les points d'exagération sont le museau fin et pointu, les pattes souples et effilées, les petits pieds, les oreilles en pointe, les yeux bridés et la queue bien fournie.

Pour rendre le sujet attendrissant, j'exagère la taille de la tête en plaçant les yeux assez bas pour laisser plus de front. Le corps est raccourci, ce qui augmente encore la taille de la tête.

LES KANGOUROUS

La cage thoracique est petite et les pattes antérieures, atrophiées, pendent comme celles des rongeurs. La tête et les oreilles ressemblent beaucoup à celles d'une biche. La queue est longue et pointue, et assez massive à la base, là où elle se rattache au corps. Elle est très importante pour les kangourous, car ils s'en servent comme d'un gouvernail, et elle les aide également à soutenir leur poids. Grâce à sa taille imposante elle va influencer le dessin et vous donner le support d'une longue ligne d'action, ce qui ajoutera plus de mouvement au sujet.

La plus grande partie de la masse du kangourou est soutenue par l'arrière-train et les pattes postérieures imposantes.

Le saut du kangourou

Sur le deuxième croquis remarquez que la tête est projetée vers l'avant et qu'elle décrit une longue ligne de poussée qui traverse le corps. Notez aussi comment ce dernier se ramasse sur le quatrième croquis lorsque le sujet se pose.

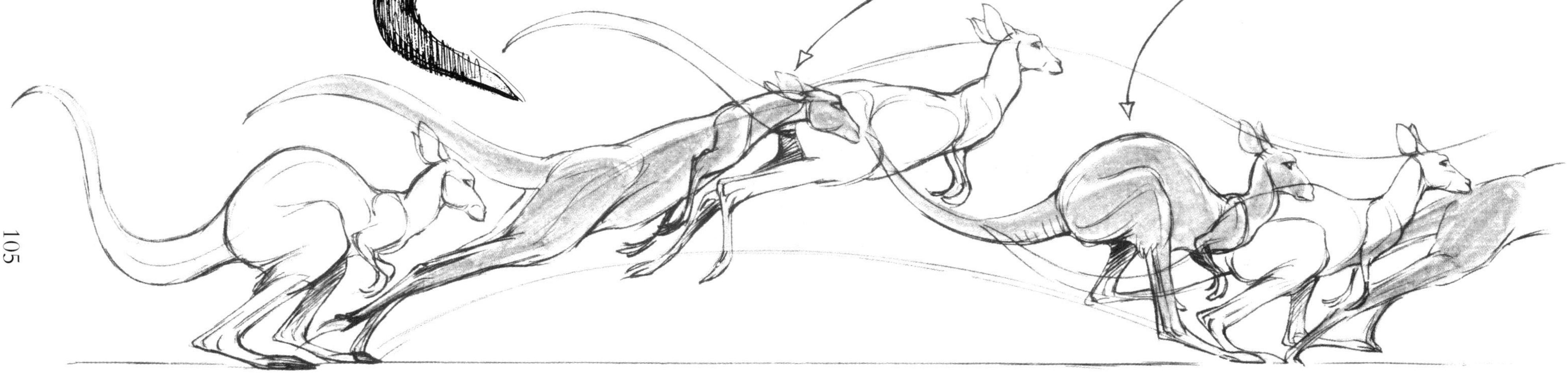

Remarquez le mouvement semblable de l'arrière-train d'un kangourou et de celui d'une biche.

KANGOUROUS - Caricature

Les points d'exagération sont : un museau carré, de grandes oreilles pleines et un cou fin et frêle (utilisez le petit cou pour marquer le contraste avec l'arrière-train massif et imposant).

Accentuez le ton de toutes les extrémités : bout de la queue, pieds et mains et pointes des oreilles.

LES LAPINS

Leur corps tout à fait élastique est capable de doubler sa longueur en position étirée.

Sur les croquis ci-dessous, remarquez les trois unités de base : la tête, le corps et l'arrière-train.

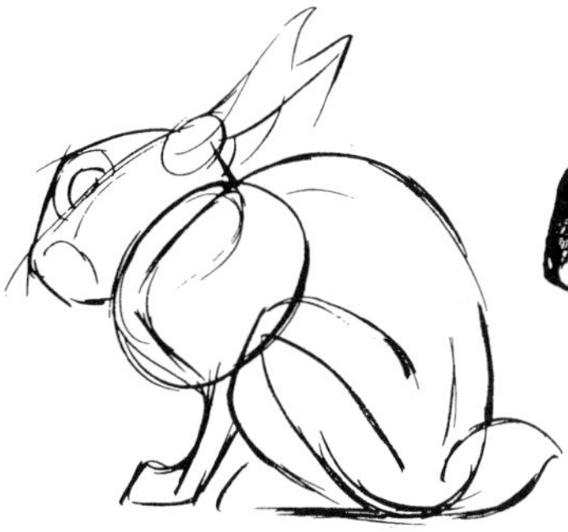

En position assise, vous remarquerez que les formes ont généralement tendance à se tasser, mais lorsqu'on étudie des ralentis on s'aperçoit qu'elles peuvent véritablement jaillir.

Lorsque vous coloriez votre dessin, pensez à jouer des ombres et des lumières.

Les petits lapins
sont toujours amusants
à dessiner. Il est recommandé d'utiliser un pinceau sec pour donner une impression de douceur.

Saut

Remarquez le tassement puis l'étirement des formes au moment de l'appel.

LAPINS - Caricature

Les lapins se prêtent particulièrement bien aux genres humanisés, leur corps et leur tête permettant de bien rendre les expressions. Il est particulièrement intéressant de travailler sur leurs joues et leur nez. Les incisives ajoutent un effet comique, et les oreilles peuvent être utilisées de nombreuses manières pour jouer sur l'expression. Laissez-les pendre pour exprimer la tristesse, couchez-les en arrière pour la peur ou la surprise, etc.

LES ÉCUREUILS

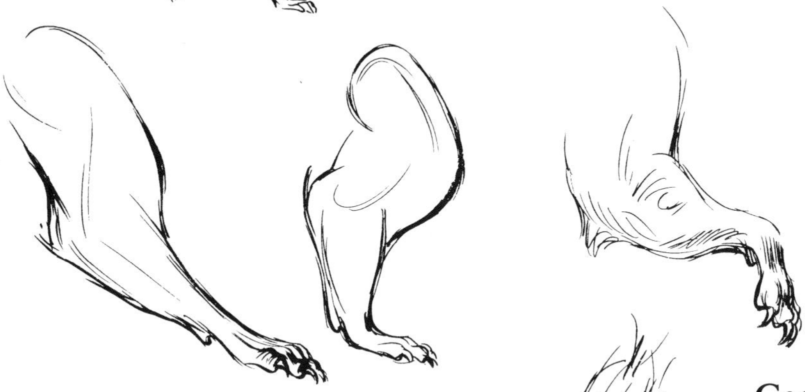

Caricature

Pour accentuer leur côté attendrissant, utilisez des formes rondes et pleines.

Approche : les formes principales sont arrondies.

Les formes secondaires sont ajoutées ensuite.

Terminez le dessin.

Ce n'est pas parce que l'éléphant est gros et massif que vous devez le laisser figé dans quelque posture statique. Pour les dessins en mouvement ci-dessous, notez comment on a utilisé l'arrière-train et le tronc dans la ligne d'action.

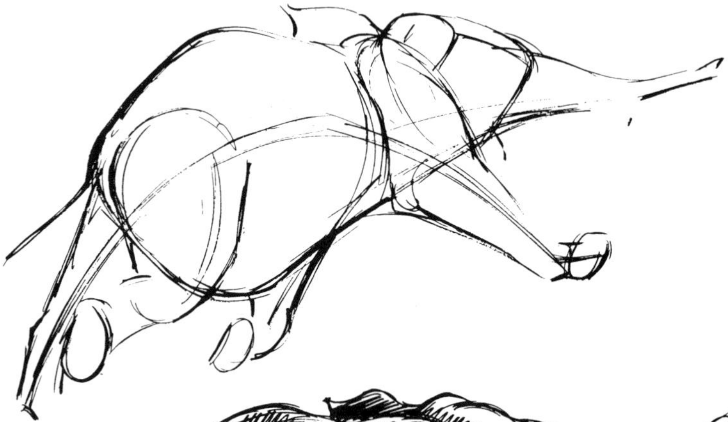

Pour rendre cette posture intéressante, j'ai opposé la position de la tête à la ligne d'action du reste du corps. Remarquez la bande de peau flasque entre la tête et le poitrail sur le dessin en bas à gauche.

ÉLÉPHANTS
Caricature

L'éléphant a tant de caractéristiques inhabituelles qu'il est facile de le caricaturer. Pour créer un effet comique, j'ai utilisé comme exemples deux types différents. Le dessin du haut est absurde à cause des grandes pattes et des grands pieds, et dans celui du bas j'ai exagéré l'énorme corps et la longue trompe. Bon nombre d'autres points peuvent être exagérés comme la taille des oreilles ; on peut aussi accentuer les traits en nanisant le corps.

Des formes différentes pour des genres différents.

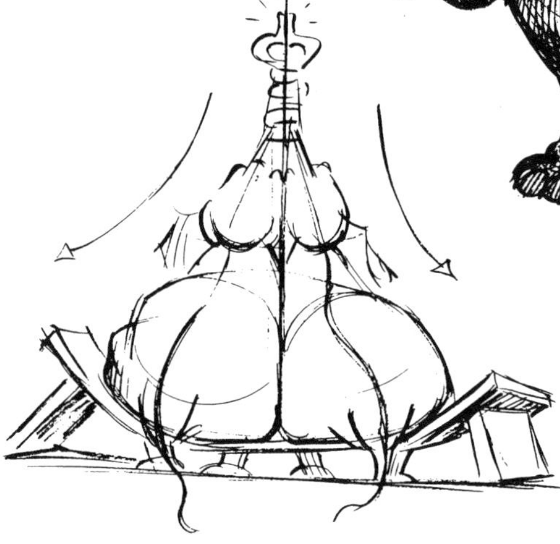

LES OURS

Les ours sont amusants à dessiner, car leurs formes sont simples et compactes. Utilisez les lignes droites au maximum ; on a généralement tendance à utiliser trop de courbes.

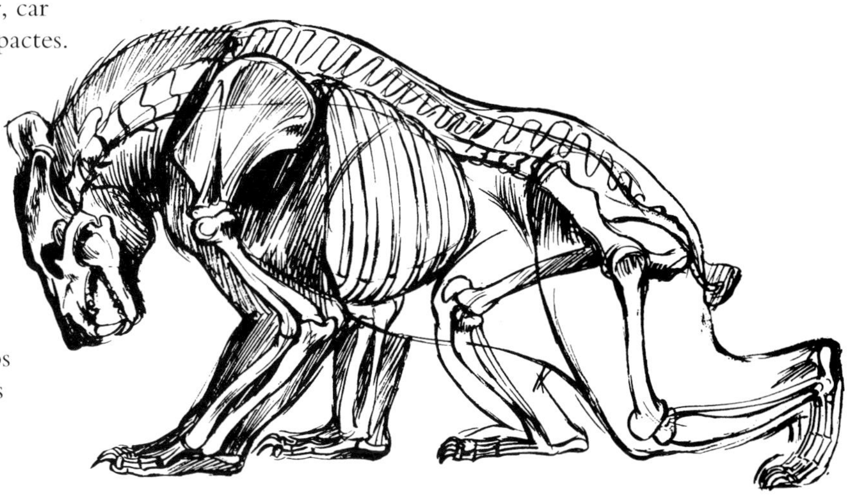

N'oubliez pas la division du corps en trois parties, comme sur l'ours ci-dessous.

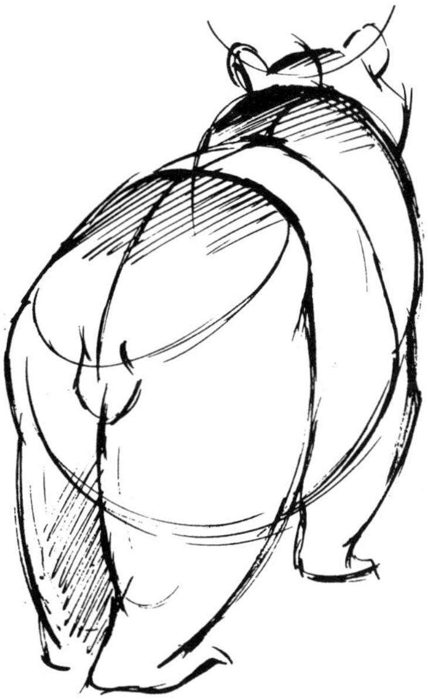

Commencez par la forme extérieure, puis appuyez-vous sur la ligne d'action comme ci-dessous, de la patte arrière à la patte avant.

Sur ces croquis rapides notez comment la forme suit le mouvement.

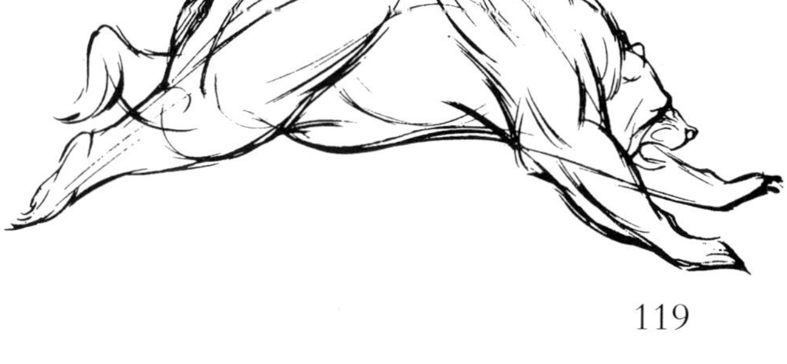

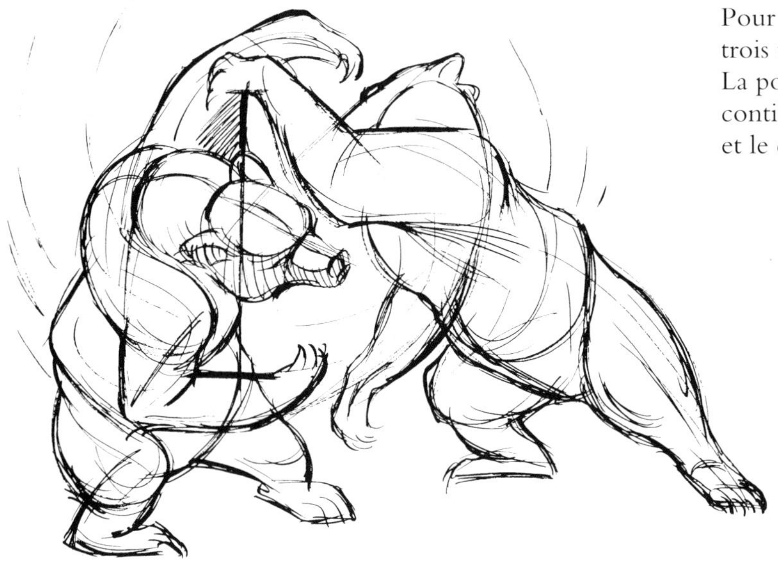

Pour les positions debout, pensez aux trois unités que j'ai indiquées ci-dessous. La pointe des épaules interrompt la continuité de la forme entre le cou et le dos.

Dans ce croquis, observez l'utilisation de courbes et de diagonales.

L’ours brun est large et massif.

Ours japonais

OURSONS

Les oursons ont un petit museau et le crâne haut, ce qui leur donne un grand front. Leur corps est court et ils ont les pieds légèrement en dedans, comme leurs parents. Placer les yeux assez bas ajoute un effet attendrissant.

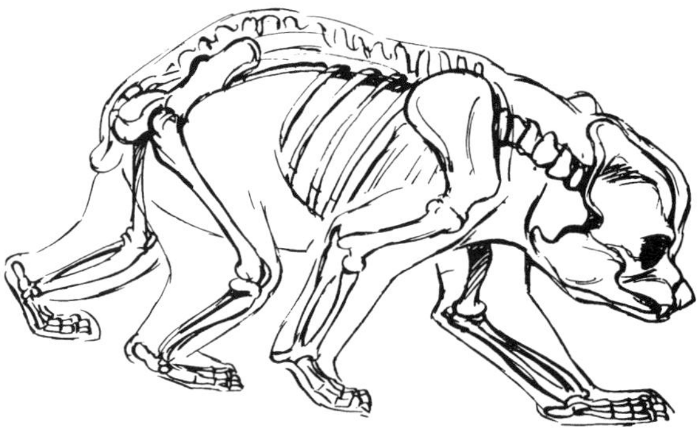

OURS POLAIRES

Les ours polaires diffèrent des autres par leur long cou et leur museau plus pointu. Ils ont le poil plus lâche sur la partie inférieure du tronc, des mâchoires au ventre.

OURS - Caricature

Pour l'adulte, exagérez le torse imposant et les « bras » massifs. En réduisant la taille des pattes on accentue la taille du corps.

L'utilisation de bajoues tombantes fonctionne assez bien sur les ours. Pour donner l'air idiot à votre sujet, oubliez de lui faire un menton.

Pour rendre un ourson attendrissant, faites-lui un corps court et trapu et un front haut, des yeux bas, des joues et un ventre ronds, ainsi qu'une petite bouche.

Pour un effet comique, j'utilise deux types très différents. Dans l'un des croquis, la masse est volontairement concentrée sur la partie inférieure, tandis que sur l'autre elle est surtout concentrée au niveau des épaules et du poitrail. Sur le croquis ci-dessus le cou fin et long contraste de manière absurde avec masse du corps.

L'ours polaire se prête aussi au dessin stylisé. Ici j'ai exagéré la longueur du cou, le museau pointu, et les longues et lourdes pattes antérieures.

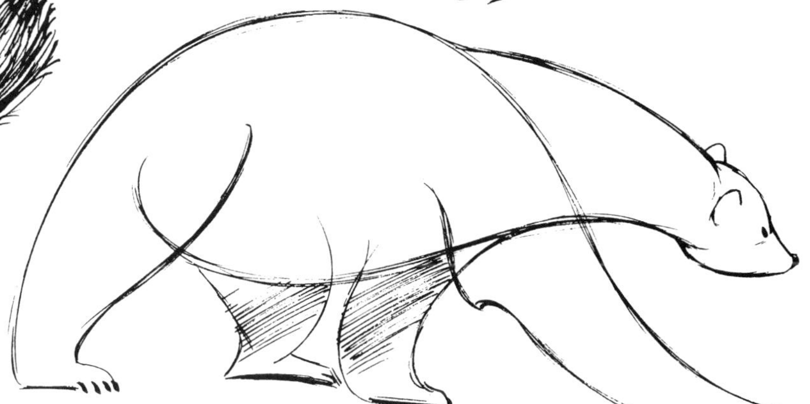

COMPOSITION D'UN GROUPE D'ANIMAUX

La composition est sans doute connue de beaucoup de lecteurs, mais pour aider ceux qui n'en ont pas l'expérience, j'aimerais résumer quelques points fondamentaux. Un bon dessin doit combiner efficacement des lignes verticales, horizontales et diagonales. Il est aussi bon d'avoir une opposition entre une ligne horizontale et une verticale par exemple, ainsi que de la répétition, lorsqu'une ligne qui va dans une certaine direction est répétée à un autre endroit du dessin. À part dans les compositions abstraites, l'utilisation de lignes courbes est naturelle. Il est également recommandé d'avoir une ligne d'action bien définie dans votre composition, pour aider l'observateur à suivre le mouvement du dessin. Il est aussi important d'utiliser les accents pour briser la monotonie d'une ligne d'action.

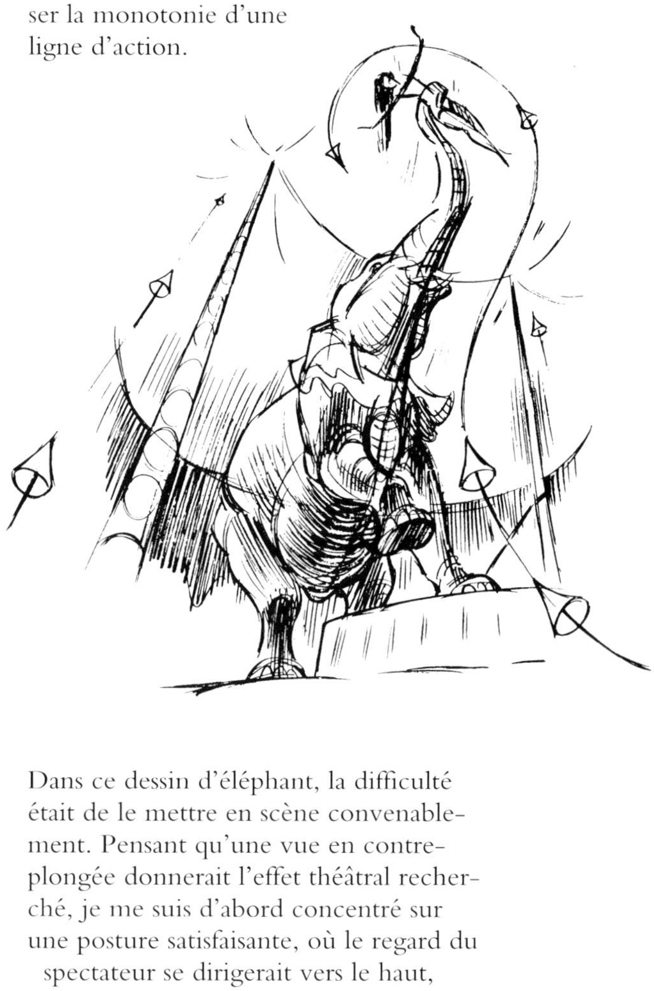

Dans ce dessin d'éléphant, la difficulté était de le mettre en scène convenablement. Pensant qu'une vue en contre-plongée donnerait l'effet théâtral recherché, je me suis d'abord concentré sur une posture satisfaisante, où le regard du spectateur se dirigerait vers le haut, puis j'ai ensuite travaillé sur le reste du dessin pour intensifier cet effet. Remarquez les lignes de composition. Les cheveux de la jeune fille sont utilisés comme un accent.

Pour rendre la masse puissante de ces chevaux de trait, j'ai utilisé une perspective en trois-quarts face. Pour donner une dynamique au dessin, l'angle de vue est bas, ce qui accentue la taille de l'avant-main des chevaux et la hauteur de leurs épaules au premier plan.

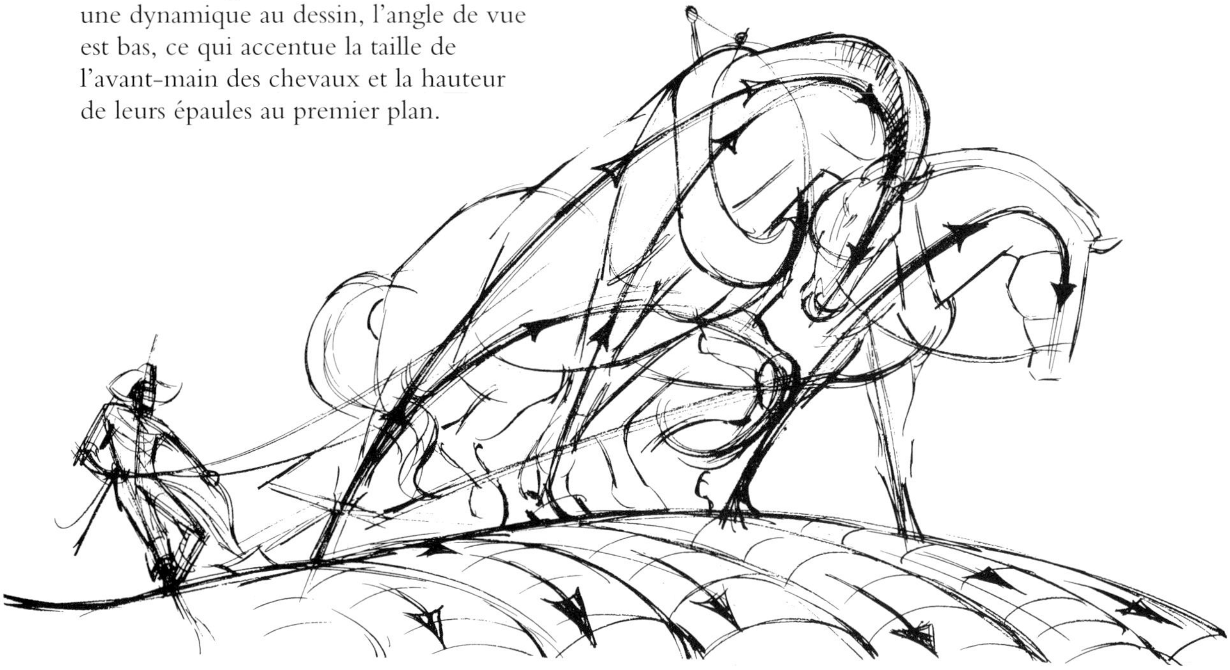

La direction des labours donne du mouvement au dessin. Ceux qui descendent au premier plan contrastent avec l'angle aigu que forme le cheval au premier plan.

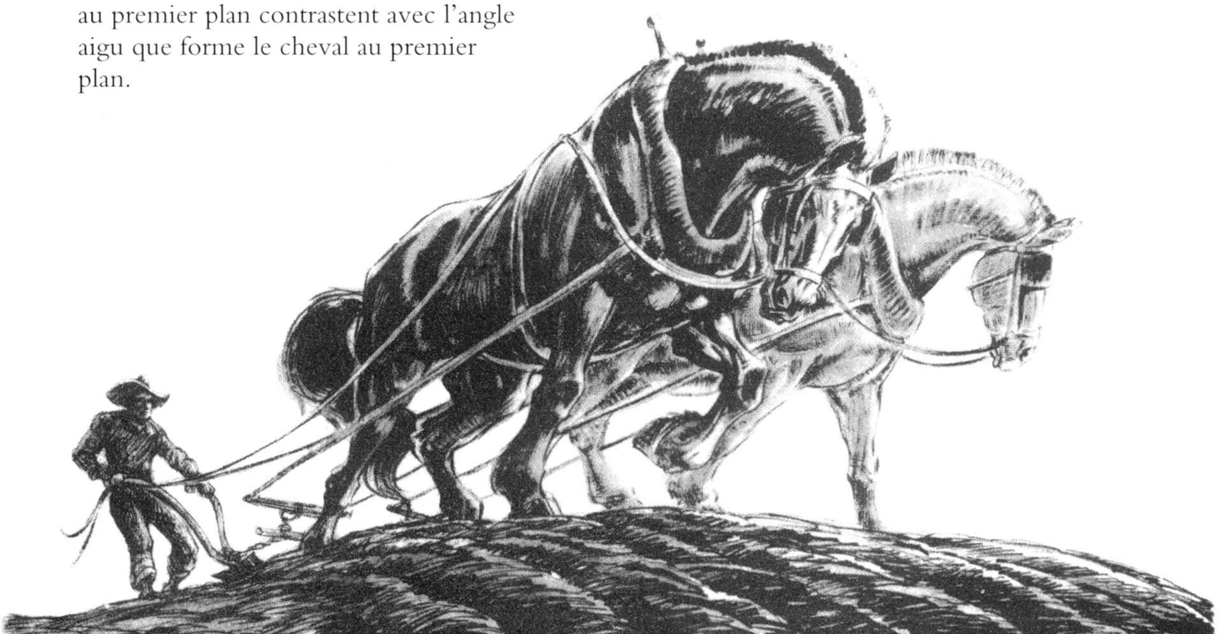

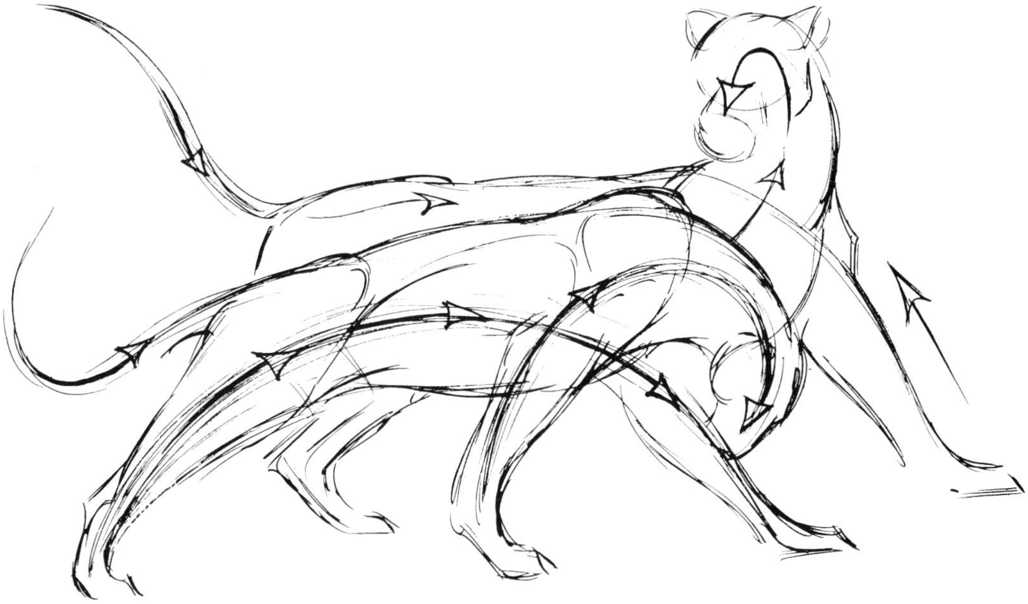

Les flèches indiquent le sens des mouvements. La tête de la panthère au second plan sert d'accent à la composition.

Dans ce croquis, l'utilisation des lignes diagonales, verticales et horizontales a été exagérée. Une ligne verticale forte, comme l'antérieur gauche du cheval au premier plan, aura tendance à donner une unité au dessin. Remarquez comment cette jambe conduit aux trois têtes. La tête du cheval de l'arrière-plan est l'accent. Observez l'antérieur droit du cheval du milieu, il donne une bonne diagonale à la composition, et se prolonge dans l'encolure du cheval de l'arrière plan. (Observez les flèches sur le croquis.)

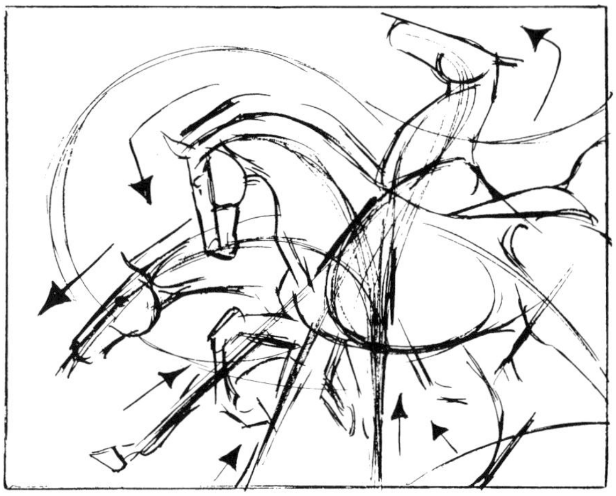

Dans cette composition dynamique, la ligne d'action traverse le dessin du postérieur droit de la biche à l'antérieur gauche du chevreuil. La tête de la biche est tournée vers le faon pour attirer l'attention sur lui, et il est lui-même placé sur une ligne d'action différente.

Remarquez l'utilisation de diagonales et de verticales, et la répétition des deux.

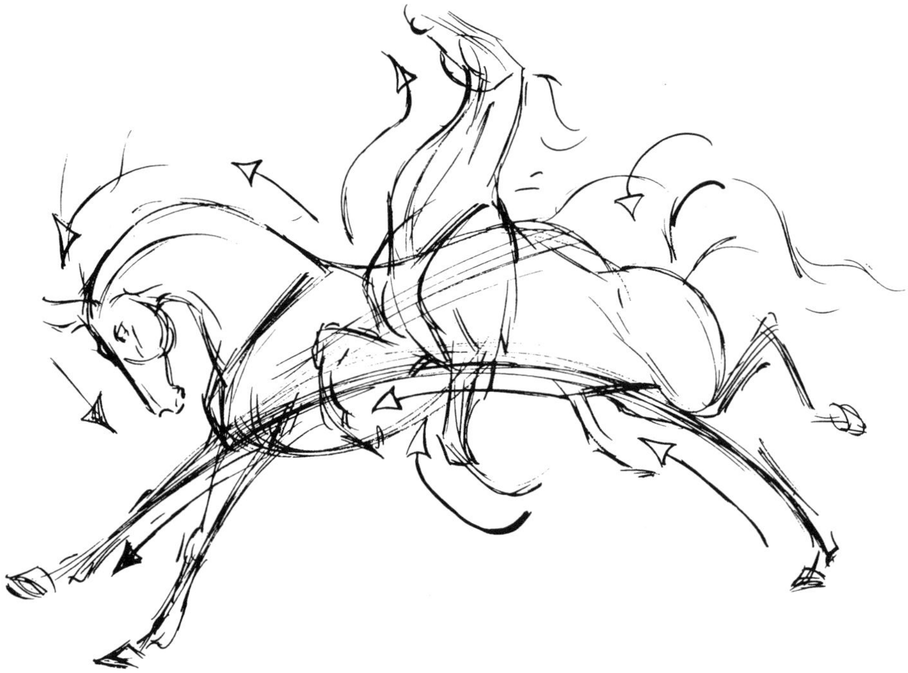

Dans ce croquis aussi le sens du mouvement est donné par les flèches. Une ligne d'action prononcée passe du postérieur droit du cheval du premier plan jusqu'à l'antérieur gauche du cheval de l'arrière-plan. La tête de ce dernier est utilisée comme accent. L'angle de l'encolure du premier cheval est en opposition avec la ligne de son antérieur gauche. L'antérieur gauche du cheval du second plan donne une ligne verticale à la composition.